検証

米中貿易戦争

～ 揺らぐ人民元帝国 ～

田村秀男

序章　「人民元帝国」の命運決める米中貿易戦争

1　中国のカネは日本の11倍の規模で増える

洋の東西を問わず、古来、通貨覇権を握る者が帝国を築いてきた。中国では秦、漢、そしてユーラシア大陸を制覇したモンゴル帝国、西欧ではローマ帝国、大英帝国がそうだ。舞台は回って現代。陰りが見えてきたドルの帝国、米国の揺らぎに乗じて、共産党支配の中国が急速な勢いで膨張する人民元を武器に覇権国家の座を狙う。危機感を抱いた米国のトランプ政権が習近平政権の野望を潰しにかかる。世界覇権争奪の構図こそが、2018年夏に勃発した米中貿易戦争の真相であり、一過性で終わるはずはない。

世界史を新局面に突入させた人民元の正体とは何か。本書は長年の取材に加え、発掘史料や統計データの分析を行いつつ、多角的に検証を試みたが分かりやすい例から始めよう。「マネー（お金）」、人民元は日本で暮らす私たちにとってかつてなく身近な存在になっている。

東京、大阪、札幌など大都市の地下鉄、デパート、観光スポットなどには毛沢東肝いりの漢字の略字、「簡体字」の案内表示が瞬く間に普及した。東京の老舗の鰻料亭は中国語を話せるスタッフがいないと、詰めかける中国人客からの注文取りにてこずり、鰻も客もさばけない。東京都心の超高級マンションが完売できるかどうかは、現金をボストンバッグに詰め込んだ中国人投資家次第だ。

北海道の広大な農地や原野が突如中国資本によって買い占められ、周辺住民は立ち入れなくなった。日本列島の様相が変わる。膨張し続ける中国のマネーのなせるわざである。

何しろ、人民元の現預金残高は2017年末で約2900兆円に上り、10年間の増加規模は米国の約3倍、日本の約11倍と他を圧倒する。中国の人口は日本の10倍程度だから、一人当たりの現預金増加額で、日本は中国に抜かれている。

中国のほんの一部のカネが流れ込むだけで、日本の景気に微妙に作用する。たとえば、17年年間の中国人旅行客による日本での消費額は約1兆7000億円で、外国人インバウンド消費の4割近くを占める。14年4月の消費税増税以降、日本の家計消費水準は停滞したままだから、中国人旅行者は各地で歓迎されるはずだ。

膨張中国は今後どうなるのか。「共産党主導の経済は行き詰まり、崩壊は近い」「いや、党主導だからこそ成長は続く」——。今の中国ほど両極端に専門家の見方が分かれる超大国は他にない。主要企業をみると、パナソニックのように中国の主要工場を閉鎖するかと思えば、伊藤忠商事は中国の大手国有企業集団系香港法人に6000億円も出資して、中国市場の更なる成長に社運を賭ける。尽きることがない党官僚の汚職・腐敗の摘発、頻発する農民の抗議デモ、派閥抗争の激化、不動産相場の全国的な下落など中国から伝わってくる夥しい数のマイナス情報は反中国派にとってみれば、崩壊の道を指すし、親中派からすれば新たな飛躍への調整過程に過ぎない。

広大な国土の各所、10数億の民から繰り出される、細切れで真偽不明のままネット空間を飛び交う無数の情報。外界から遮断された中南海（党幹部のオフィス兼住居が集合する紫禁城脇の一角）からうめき声とせせら笑いがかすかに漏れてくるが、暗闘の様子は分厚い壁に阻まれて見えない。

不確かな情報を選り分け、再整理するには、特定の視点が必要だ。中国に対する好悪の感情や過度な悲観、楽観論に流されてしまうと、両極に偏った結論にしか到達できない。

中国という国家の政治経済を、西側の尺度で判別すること自体に無理がある。世界の有名エコノミストから有力な投資家までも、商品や金融の市場システムがあるとみなして、中国を日米欧同様の市場経済だと錯覚している。証券アナリストの多くは中国政治体制の特異性を無視して上海株価や不動産相場を論じ、中国ウオッチャーの多くは経済分析そっちのけで党の要人たちの片言隻句と顔色ばかりに着目する。

どうすれば、幻惑されずに中国経済の正体を暴けるか。

中国古代の思想家、荘子の言葉に「肯綮に中たる（こうけいにあたる）」がある。包丁さばきで見事に肉を切り分ける名料理人が王様からそのコツを問われ、肯綮（骨肉が結合する場所）に道がある、と答えたという故事に由来する。

現代中国の政治経済の肯綮は通貨、人民元である、と筆者は見る。何しろ国家という身体の血液であるカネをことごとく共産党一党がコントロールする。党の支配下にある中国人民銀行が発行する通貨、人民元は、世界第2位の国内総生産（GDP）を成長させるばかりではない。周辺国を威圧し、天安門広場に集結しようとする市民・学生を圧殺し、チベットや新疆ウィグル自治区で虐殺を繰り返す「人民解放軍」を支える。市民を監視するための情報技術（IT）や人工知能（AI）開発を支える。沖縄県尖閣諸島沖に押し寄せる武装漁船団も養う。さらに銀座で「爆買い」する富裕層も支える。

2 人民元の生い立ちとは

人民元の性格はその生い立ちから考える必要がある。

1949年9月の中華人民共和国建国前に創設されたのは軍（人民解放軍）と中央銀行（中国人民銀行）である。軍事と発券銀行である中央銀行は本来、党の付属機関であり、建国以来、党・軍・中央銀行は一体となり、現在にいたる。

日中戦争当時、共産党は支配する解放区ごとに発券銀行を置き、紙幣（人民弊＝人民元の本来の名称）の通貨価値を維持して民心を引きつけ、解放軍が人民幣で軍事物資を調達した。日本の敗戦後、国民党の蒋介石政権は紙幣「法幣」を乱発し、全土に悪性インフレを蔓延させて、民衆からの支持を失った。共産党は解放区を広げるごとに、法幣を一定の交換レートで人民幣に置き換えて行く。共産党は一貫した規律ある通貨戦略を軍事と不可分とすることで、内戦に勝利し、台湾を除く中国全土を手中に収めた。

現代経済学の二大学派の祖、J・M・ケインズとM・フリードマンとも、「体制を打倒する最善の道は通貨を台無しにすることだ」と断じた革命家レーニンの言について「その通りだ」と称揚したが、中国共産党はその警句を生かした。

建国後は人民元をドルにぴったりと連動させるペッグ（固定）制をとり、元の価値を安定させてきた。2005年にはドルに対してごく小幅に変動させる「管理変動相場制度」に修正し、現在に至る。

管理変動相場制の下、中国に入ってくる外貨（主にドル）の量に応じて、中国人民銀行が人民元資金を発行し、国有商業銀行に流し込む。この方式だと、人民元発行は外貨準備の大枠に沿うので、人民元は事実上、ドルの裏付けがあるとして国民の間での信用を維持できる。それが、人民銀行が自らの裁量で決めるレートでドルと人民元を交換する管理変動相場制の運用を円滑にする。中国の通貨システムは「ドル本位制」であり、それこそはこれまでの中国経済発展の最大のエンジンであり、大成功を収めてきた。

1978年末に始まる「改革開放路線」以来の高度経済成長を可能にしたのは外資系企業の対中直接投資であり、その外資が持ち込む資金と技術が資本となった。さらに輸出が拡大するにつれて、流入する外貨が人民元資金の増発を可能にし、国内経済成長に必要な通貨が供給されて行く。国内市場も拡張するので、外資の対中投資がさらに増えるという好循環が生まれた。それでも足りないインフラ整備資金は世界銀行融資や日本からの円借款など外国からの援助でまかなって行く。

1990年代からは、国有企業を中心に国内産業も立ち上がり、外資と国内企業が渾然一体となって輸出が加速した。

その外需頼みの成長モデルが2008年9月のリーマン・ショックで頓挫した。すると、胡錦濤政権は国有商業銀行に大号令をかけて融資規模を一挙に3倍以上に膨らませ、地方政府主導で不動産開発に全力を挙げた。不動産相場は急上昇し始めると、海外からの投機資金が流入する。人民銀行はそれを吸い上げて、人民元資金を供給する。国内総生産に占める固定資産投資の比率は5割に達した。固定資産投資が前年比20％増えるだけで、GDP成長率は10％押し上げられる計算になるのだから、二桁台の高度成長にいとも簡単に復帰した。

投資主導で経済は再び上昇軌道に乗ったが、負の副産物は累々。乱開発で国土はますます荒れ、北京、上海など都市部は大気汚染PM2・5で覆われるし、水も汚染が止まらない。高騰を続けた住宅相場は下落に転じ、バブル崩壊不安に直面した。輸出も低調だ。

3　習近平政権の野望

2012年秋に党総書記に就任した習近平氏は新たな経済成長モデルの構築をめざさなければならないが、不動産投資に代わる内需拡大の牽引車は見当たらない。強いて言えば、家計消費の拡大だが、中国の国内総生産（GDP）に占める家計消費の割合は4割弱に過ぎず、日欧の約6割、米国約7割に比べて圧倒的に低い。

日本を例にとると、内需主導に経済を軟着陸させることはできなかった。日本は1980年代後半に内需刺激のための金融緩和を受けて資産バブルが膨らみ、90年代初めにバブル崩壊という大災厄を引き起こしたのだ。その後は30年近く名目経済成長率ゼロという未曾有の経済不振、慢性デフレが続いている。家計消費比率は6割だが、低迷が長期化し、外需を増やさないと経済を成長させられない。日本の失敗を以前からよく研究してきた北京が選んだのは、対外膨張による投資・外需主導路線の更新である。

中国の李克強首相は2015年3月に北京で開かれた全国人民代表大会（党が仕切る国会で年に一度開かれる）で低成長時代に入ったことを、事実上宣言した。党中央の決定を受けて15年の実質経済成長率目標を7％とし、それまでの目標7.5〜8％から押し下げた。

17、18年の全人代では6.5%前後に目標値をさらに下げた。

習政権の目は、外に向いている。内政が手詰まりになれば、国民の関心を外に向け、ナショナリズム高揚に打って出るという構図は、古今東西を問わず世界でよく見られるが、習政権の仕掛けは決して苦し紛れでも、突拍子でもない。満を持している。

彼を胡錦濤前総書記の後継者に選んだのは胡氏前任の江沢民氏だが、習氏は江氏率いる上海閥の勢力そぎ落としをめざしている。その手段が不正蓄財の摘発なのだが、「為人民服務」（人民のために奉仕せよという毛沢東の言葉）の大義順守のためだとは、党幹部のだれも信じないだろう。「絶対的権力は絶対に腐敗する」という英国の格言通り、汚職腐敗を取り締まる習派の高官たちも同じ穴のムジナで、疑惑だらけだ。権力闘争の勝者の不正蓄財が内部告発を受けても、とがめ立てられることはほとんどない。

権力闘争を勝ち抜き、長期安定政権をめざすためには、政敵を汚職など党規違反で追放するだけでは不十分だ。国家の基本路線を更新し、新路線を追求する政権の正統性を誇示する。

習政権の真の目的は故鄧小平氏が敷いた対外基本路線の転換である。

鄧小平氏は覇権国米国を中心とする自由主義圏に対し、「韜光養晦」（能ある鷹は爪を隠し、じっくり力を蓄える）原則で臨み、米国や日本などとの友好・協力を基調としつつ、「改革開放」をスローガンに西側の資本や先進技術導入を最優先してきた。習氏はこれまで通り「爪を隠す」べきだとする江氏の要請を頑として聞き入れず、両者間の対立が深まった。

習近平総書記の新路線とは、マネーパワーをテコにした対外攻勢による経済圏の拡張策である。それは、皮肉にも共産主義者レーニンが著書「帝国主義論」で描いた19世紀から20世紀にかけての西洋列強による帝国主義そのもので、勢力圏の拡張と軍事力増強を伴う。２００８年9月のリーマンショックを引き起こした覇権国米国は世界に展開する軍事力を維持するだけの経済力は持ちえない。リーマン後にも高度成長を遂げ、２０１０年には日本を抜いて世界第2位の経済超大国に躍り出た中国が覇権国米国の陰りに乗じ、「中華民族の偉大な復興」を果たすのが習近平路線である。

胡錦涛氏までの歴代トップの路線を踏襲するだけなら、鄧小平氏が定めた通り、最高権力者としての座は任期5年、2期で終わる。だが、強大な中華帝国再興の夢を掲げる習氏にとっては、そんな規定は何の意味もない。２０１８年3月の全国人民代表大会（共産党が指揮する国会）では、憲法改正し、国家主席の任期を撤廃させた。残るはやはり2期、10年の党総書記の任期制限だが、党中央を習派で固めれば、いつでも撤廃できる。

習氏が党トップの座について以来、矢継ぎ早に打ってきた中華圏の拡大政策をざっと見てみよう。

本国へ外国企業を誘い込んで、中国企業に技術移転させ、輸出に励むという途上国型モデルを温存しつつ、中国企業や国有商業銀行が海外に拠点を広げ、投融資によって海外市場を取り込み、輸出を増やし、投資収益を本国に還流させる。それだけなら、まだしもグローバルな貿易・投資の枠組みの範囲内だが、中国は自国の粗野な開発モデルをそのまま外部に適用する。党独裁の強権国家が党、企業・銀行と軍総ぐるみで周辺国を勢力下に組み込もうとする。

借款供与、武器輸出を通じて、相手国政府に取り入り、石油など海外資源の安定供給源を確保する。戦略的に重要とにらんだ外国には資金供与して、中国企業にインフラを請け負わせ、港湾、高速道路、空港、通信などの権益を確保し、軍事利用につなげる。党の指令下にある中国企業が、外国の個人情報から国家機密情報までをやすやすと入手できる情報通信ネットワークのインフラを海外で積極受注する。在中国の外資系企業や金融機関には、情報技術などで中国のルールに従わないと、中国市場にはいられなくするなど、中国への同化を強制する。

習近平政権の野望を実現させるためのグランドデザインが広域経済圏「一帯一路」構想である。同構想は習氏の指示により、中国共産党中央委員会が2013年11月に採択した。「新シルクロード」経済圏の美名が付けられ、アジア全域、中近東、アフリカからロシアを含む欧州までを範囲とする。

15年12月、北京に設立された国際金融機関「アジア・インフラ投資銀行」（AIIB）は一帯一路沿線国・地域などのインフラ資金需要に応えるという触れ込みだ。

4　対外膨張のための武器が人民元

対外膨張最大の武器が通貨、人民元である。

通貨がいかに大きな決め手になるかは、世界の基軸通貨ドルや欧州共通通貨ユーロが示す通りだ。米国は英国と組んでドルで世界のモノと金融の市場を牛耳っている。大陸欧州はユーロをじわじわと周辺に浸透させて、経済圏を拡張し、産油国も取り込もうとしている。自国通貨による取引に相手国を誘い込むことことで、貿易はもとより、投資、融資などのビジネスを有利にし、より高い収益を自国企業にもたらす。通貨の基盤には軍事が控える。米国はもちろん、ドイツやフランスもユーロを安全保障戦略の一環としている。日本では、経済圏と言えば、自由貿易協定（FTA）と同義語で、日本が結ぶFTAである経済連携協定は通貨とは全く無縁だ。

中国は交易と通貨、軍事は党指令のもと一体化する。権益拡張のためには、外交力はもちろん、場合によっては武力行使もいとわないが、戦わずして勝つ孫子の兵法にならう。中国とのFTA締結後、人民元による貿易決裁圏に半ば組み込まれた東南アジア諸国連合（ASEAN）は、南沙諸島を不当に占拠する中国に対して、一致結束して抗議できない。中国との取引で収益を挙げる華僑系資本が経済を支配する東南アジア各国は中国との関係悪化を極端にまで恐れるのだ。

通貨には一種の麻薬中毒効果がある。いったん、他国の通貨を使い始めると、ますますそれにのめり込み、脱けられなくなるのだ。すると企業、消費者、さらに政府を含む国家のシステム全体が他国の通貨での取引に応じた構造に、自覚のないままに変わってしまう。通貨覇権国は相手国経済を事実上支配できる。例えば、日経平均株価の決定力はニューヨーク・ウォール街が持つ。ドルに換算された日本企業の株価こそがかれらの価値判定基準だ。

日本株は円高になればドル換算値が割高になるので売られ、円安では割安になって買われる。円ドル相場は米政府高官の発言に敏感に反応する。日本は金融市場から企業会計までを米国式のグローバル標準に合わせざるをえない。安倍晋三首相が2014年10月末に消費税率の10%引き上げ延期を最終的に判断するときでも、側近を通じてウォール街のヘッジファンドに可否を聞いて回ったほどだ。

中国は人民元をドルに張り付かせるドル本位制により、経済規模を飛躍的に高めた。08年9月のリーマン・ショック後を例にとってみよう。米連邦準備制度理事会（FRB）は危機勃発後、14年10月まで4度にわたってドル資金を大量発行する量的緩和政策に踏み切った。それに刺激された米国の金融市場からドルがあふれ出した。結果としてFRBのドル増発量にほぼ見合う外貨が中国に流入し、人民銀行はそれを買い上げて人民元を増発し、国内商業銀行に供給し、商業銀行は融資を拡大して行く。この結果、投資主導で景気は立ち直り、中国のGDPの規模は急拡大を遂げ、10年には日本のGDPを抜き去り、米国に次ぐ世界第2位の経済超大国に躍り出た。それればかりではない。人民元はドルの裏付けがあるので、いくら増発しても乱発にはならない。党支配下の国有商業銀行も国有企業も香港では好きなように人民元をドルに替えられる。豊富な資金を背景に人民解放軍は軍事費を急増させていく。旧ソ連製の空母の中古など武器を外国から積極購入して軍の近代化を達成した。世界に比類のない党・軍とカネが一体となった仕掛けによる、とめどなく続く軍拡である。

習近平総書記はリーマン・ショック後のドル利用による成果を踏まえ、もはや「韜光養晦」の衣装をもはや無用とばかり、かなぐり捨てたのだ。

習氏は膨張する人民元を経済圏拡張の武器とし、既存の国際ルールに代わって自国のルールを前面に出して海外の政府や企業に呑ませようとする。それはこれまでもっぱら米国のみに許されてきた帝国式ルールである。

敷衍すれば、中華帝国の再現と言えるが、本質を表すには「人民元帝国」の建設とみたほうがわかりやすい。党の基盤を支えてきた高めの経済成長を続けられなくなった以上、人民元帝国の野望達成には一党支配体制の延命がかかる。従って、後ろには一歩も引くはずはない。

今やモノの生産ばかりでなく、中国の金融はグローバル化された金融市場に組み込まれている。国際銀行融資は中国を発展途上国中、最大の融資先としている。膨張する人民元は世界に幾多の衝撃を、脅威をもたらさずにはおかないだろう。

5　米中貿易戦争、日本はどうする

戦後70有余年、敗戦国日本は外交・安全保障ばかりでなく、対米従属の通貨・金融政策をとってきた。人民元の膨張、人民元帝国の策謀は惰眠をむさぼってきた日本への警鐘でもある。軍事を対米依存する半面で、国家戦略の柱であるはずの通貨や金融を財務省官僚にまかせてきた政治に重大な責任がある。財務省官僚は米国の意のままに従い、基軸通貨ドルとその金融市場の安定に協調さえすれば事足れりとしてきた習い性ゆえに、戦略意識が欠如している。

安倍晋三政権は人民元帝国の先兵であるＡＩＩＢへの参加には慎重だが、財務省ＯＢの中尾武彦アジア開発銀行（ＡＤＢ）総裁はＡＩＩＢに積極協力している。財務省は米国に追随して人民元の国際通貨基金（ＩＭＦ）特別引き出し権（ＳＤＲ）構成通貨編入（２０１６年10月）に異を唱えなかった。ＳＤＲ通貨は国際的に自由に取引されることが条件のはずだが、ＩＭＦは党の統制下にあって外への持ち出しが厳しく制限されている人民元をドル、ユーロに次ぐ国際通貨ランキング第3位として認め、円を第4位に降格させた。

トランプ米政権は中国との通商交渉で、歴代の米政権としてはかつてなく強硬姿勢で臨んでいる。中国に対する対米貿易黒字2000億ドル削減措置を要求する。さらに、米企業から技術を強奪する知的財産権侵害に対して制裁関税で応じ、米国にとっての軍事・安全保障を脅かしかねない情報技術（IT）の対中流出に歯止めをかけようと、中国企業の米企業買収を阻止する。

これに対し、中国は米国からの自動車など工業品や農産物輸入への報復関税適用という「ムチ」をちらつかせ、中国市場でのビジネス利権に執着する米金融界や自動車業界や、対中輸出依存度の高い農業団体の動揺を誘う。かと思えば、大型航空機や農産物の輸入拡大、金融市場の部分的開放という「飴」も用意し、トランプ政権との取引を狙う。

歴代の米政権の中枢はウォール街出身者が占めてきた。米ウォール街は銀行、証券、保険業の金融利権の誘惑に弱い。中国は米国内に対中強硬論がでるたびに、小出しに金融利権を米金融資本に提供すれば、米政権は振り上げたこぶしを下ろした。

中国はドルに人民元をペッグさせることで、金融を爆発的に拡大させ、経済の高度成長を実現してきた。米産業界も金融界もその中国市場拡大の恩恵に目がくらむ。米中ともに「ウィン・ウィン（共栄）」というわけで妥協が成立する、というのが従来の米中通商協議だった。

トランプ政権は巨額の対中貿易赤字や知的財産権侵害を放置してきたオバマ前政権までの対中融和策に決別した。政権発足から1年たつと、歴代政権の常連だった金融大手、ゴールドマン・サックスの首脳経験者はホワイトハウスから去り、ウォール街の影響力はかなり薄まった。その代わり、国家安全保障を最優先する人材が中枢を占めている。従来の政策だと、米国の雇用が失われるし、米企業は中国企業との競争に敗れるばかりではない。膨張する中国に米国が飲み込まれるという、国家安全保障上の危機感を、ワシントンはトランプ政権になって初めてあらわにし、中国に対峙する。

中華帝国膨張のための弾薬が外貨準備であり、人民元の発行はドルの流入に連動し、通貨価値はドル準備によって裏付けられている。そのドルを供給するのが米国であり、具体的には年間で３７５０億ドル（２０１７年）に上る対中貿易赤字だ。中国の国際収支黒字は２０００億ドルにも満たないことからすれば、米国こそが習近平氏の帝国野望のスポンサーの役割を果たしてきた。対米貿易赤字を２０００億ドル減らすと、中国の国際収支は赤字に転落する。外準は減り、人民元金融は細る。一帯一路や軍拡に回すカネに事欠くだろう。

トランプ政権の対中要求は、そこまで見通したうえでの戦略なのかどうかは不明だが、習政権の最大の急所をついた。中国側は「飴とムチ」で時間を稼ぎ、米側の翻意と軟化を促すだろうが、例えトランプ政権が退場しても、米側がオバマ政権当時の対中政策に逆戻りするはずはないだろう。

米中の貿易摩擦は単なる貿易上の紛争ではない、人民元を武器にユーラシアの陸海で中華帝国を築き上げようとする中国に対する、覇権国米国の反撃、という覇権争い、とみるべきで、負けたほうが飲み込まれる。まさに世界史が新局面に入った。長期化は必至で、貿易を戦場とする「米中100年戦争」の勃発だ。中国が勝てば米国のドル覇権が弱体化し、米国が勝てば人民元帝国は崩壊危機に追い込まれる。米中とも一歩も譲れない。

日本はどうするのか。貿易面だけの米中対立なら、器用に立ち回り、政治的には米国に、経済面では中国にすり寄って、漁夫の利を狙う従来のやり方が無難のように見える。しかし、そんな事なかれ主義こそが中国の膨張と増長を許し、日本の富を細らせ、外交力をマヒさせ、広い意味での国家安全保障を脆弱にしてきた。必要なのは、アジアの日本として、中国膨張を食い止めるため、自らの戦略を立てる。その上で、場合によって米国を先導する。

本書は「人民元・ドル・円」（岩波新書、2004年）、「人民元が基軸通貨になる日」（PHP出版、2010年）、「人民元の正体」（マガジンランド、2015年）に続く、筆者の人民元分析シリーズ最新版である。歴史的経緯など一部は「人民元の正体」と重複するが、データや事実関係は可能な限り最新版に更新した。メーンタイトルを「米中貿易戦争」としたのは、筆者が10数年間、フォローしてきた人民元膨張の帰結が米中対立になるという、歴史的な必然性に主眼を置いたことによる。本書が日本及びアジアの新対中戦略のたたき台になれば幸いだ。末筆ながら、本書編集に自ら携わってくれたマガジンランド社長伊藤英俊さんに感謝の念が尽きない。

2018年6月

田村秀男

目次

第5章　米中貿易戦争

第6章　貿易戦争は「人民元対ドル」戦争を誘発する

〈解説〉

第1章　膨張する人民元

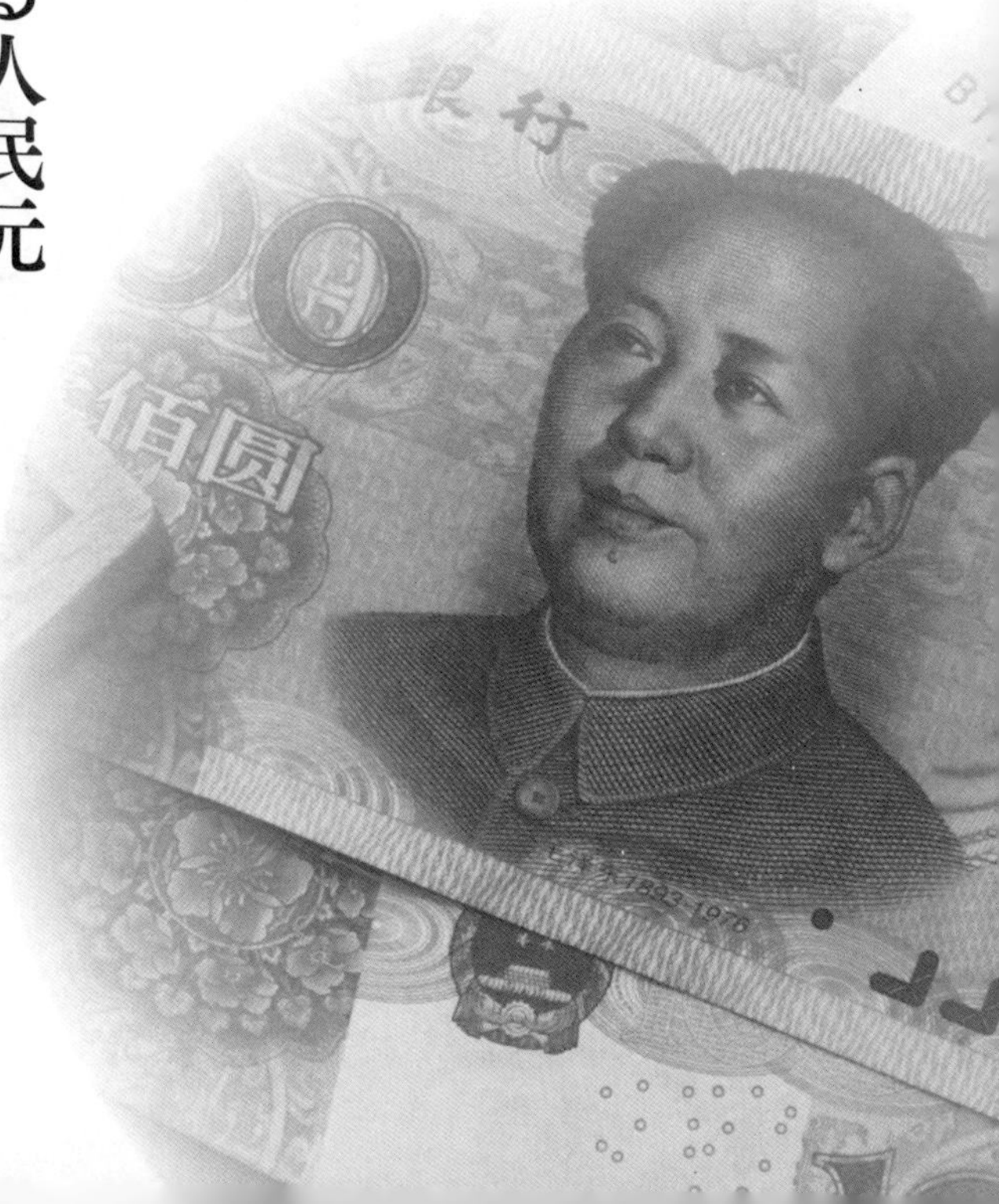

1　中国マネー、日本の景気を動かす

毎年の1月下旬から2月下旬には中国の旧正月「春節」休暇が到来し、世界の主要都市がチャイナ・マネーに席巻される。

２０１５年、日本では連日のようにテレビが中国人買い物客の「爆買い」ぶりを報じ、東京・銀座では数百万円の宝飾品、10万円もする赤色の電気釜などが飛ぶように売れた。成田空港では帰国する中国人団体客の重量制限オーバーの旅行ケースが長蛇の列をなした。日本ばかりではない。香港では、大陸から群れをなして日用品を大量買い付けするので、住民が抗議デモに立ち上がった。ドイツでは中国人旅行者が赤ちゃん用粉ミルクをまとめ買いするので、店はあわてて、粉ミルクの売り場に鍵をかけた。品切れになれば、地元の赤ちゃんが被害を受けるからだ。

中国人旅行者の「マナーの悪さ」は海外に暮らすチャイニーズが「中国人の恥だ」と怒り出すほどだ。なるほど、あるデパートでは、中国人の若者がブランド品や宝飾品をウインドーケースから次々と取り出させては、スマホでパチリ。本国の家族や仲間に見せてどれがいいか、大声上げて相談。楽しくてたまらない様子だ。

そんな具合だから、店内は喧騒に包まれる。地元客からは苦情が殺到する。さりとて、中国人を締め出せばせっかくのビジネス・チャンスを失う。

ニューヨークの高級デパート、メイシーズはそこで苦肉の策をとった。現地に住む知り合いによると、同店は一般客用の閉店時間を午後5時に繰り上げ、5時からは中国人団体客向け「貸し切り」とした。一般客を遮断して、中国人団体の「貸し切り」とし、心置きなく爆買いにいそしんでもらうというアイデアだ。

観光庁の調べによると、17年の中国人旅行消費は1兆7000億円で前年比15％増だ。全外国人消費の4割近くを占める。中国人客の消費が増え続けるのは、日本側が個人旅行者へのビザ支給基準を緩めて以来、富裕層の中国人客の来日が増えたからだ。団体客と違って、個人の富裕層はカネに糸目をつけず、豪華ホテルに泊まり、ブランド物を買い、うなぎ料亭など高価な食事を楽しむ。

中国人消費は結構、日本経済にも影響が出る。たとえば、17年の日本の家計消費の前年比増加額は3.4兆円、GDP全体では同8兆円である。1.7兆円の中国マネーが消費を通じて日本に投じられると、経済統計上は輸出にカウントされるが、実体経済活動としては家計消費増加額の実に5割相当が消費に追加されるのだから、ばかにできない。

いったい、中国人のマネーパワーはどの程度か。

中国人の買い物はデビットカード「銀聯カード」、さらにはスマホ決済を利用する。いずれも日本円の代金は中国の銀行に持つ預金口座からそのときの交換レートを基準に相当額の人民元が引き落とされる。店には商品価格相当の円が送金される。つまり、中国人客は円の現金を持たなくても、人民元で決済できる。

そこで、中国の現預金総額（金融用語では「M２」と呼ばれる）はどのくらいあるか、ドル換算してみると驚くことなかれ。２０１７年末は27兆ドル（約２９００兆円）強に上る。日本の約8.8兆ドル（９９０兆円）はおろか、米国の13・８兆ドルを圧倒している。中国の年間増加額は3.3兆ドル（17年）で、ともに0.6兆ドル程度の日米の5倍以上で膨らんでいる。中央銀行が「１」人民元を発行すれば、現預金は5～6倍になるが、日本は0.4～0.5、米国は1程度にとどまる。人民銀行を支配する中国共産党は、世界史上、空前絶後の錬金術師である。（**グラフ1-1**）

では中国人の購買力はどのくらいか。中間層以上の人口を3億人、一世帯当たりの数を3人とし、全現預金の7割を保有していると仮定すれば、国民一人当たりの現預金は６８０万円を超える。日本人の平均７８０万円よりも１００万円ほど少ないが、物価の安

グラフ1-1　日米中欧の現預金量（兆ドル）

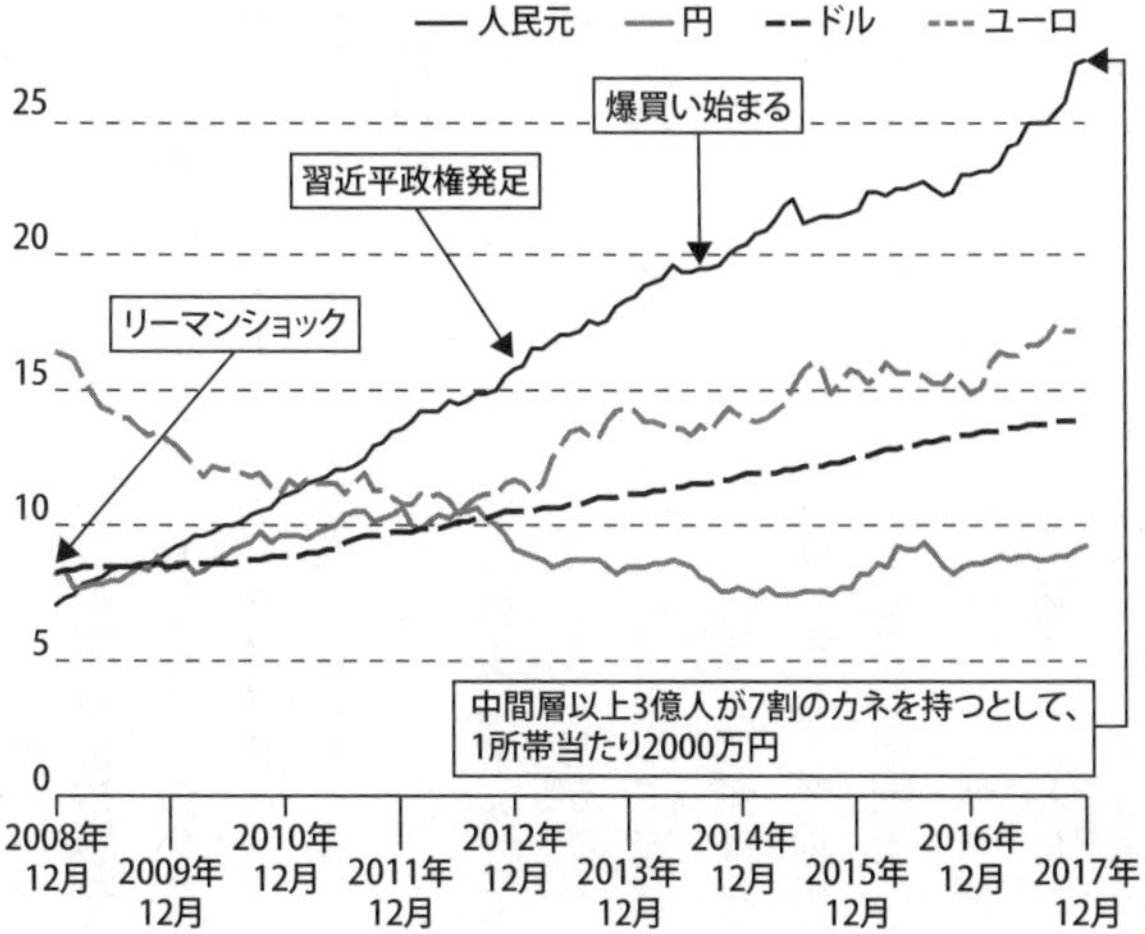

さを考えると、中国中間層以上の実質的な豊かさは日本とほぼ同等と言える。しかも、中国の貧富格差を考えると、大富豪の人口は日本よりも圧倒的に多いと思われる。

人民元は中国外では使い勝手が悪い。現金で決済できるホテル、デパートやレストランはごくわずかだし、両替できる銀行も一部に限られる。ところが、銀聯カードやスマホで人民元を外貨に替えなくても使えるのだから、中国人旅行者にとってそのハンデはない。彼らは打ち出の小づちのごとく振り出されるカネを思う存分に海外ショッピングに投じているわけである。東京・銀座もパリ・シャンゼリゼもニューヨーク５番街もそのチャイナ・マネーで潤う。

それればかりか、特権を持つ中国の富裕層や党幹部は人民元をうまく外貨に替えて、世界の各地の高級不動産物件を買いあさっている。日本では北海道のリゾート地や広大な山林原野が買い占められている。チャイナ・マネーが膨張を続けるようだと、世界の企業も土地も技術もことごとく中国人に買い上げられるとの見方もあながち誇張とは言えない。詳しくは別途、論じよう。

奇怪な人民元パワーの源泉は実はドルにある。人民銀行は管理変動相場制度を堅持し、中国に流入するドルをことごとく自身が決める交換レートで買い上げ、その分の人民元を市中に流し込む。人民元はドルに対して安定し、しかも、国内ではインフレ率も低位に推移している。となると、人民元の通貨価値は超安定というわけで、国内外で信頼されてくる。

米国内ではこの人民元制度に対し、変動相場制への移行を求める声が今ではほとんど聞かれなくなった。産業界や金融界が中国市場を重視しているからだ。欧州となると、ドイツも英国もフランスも米国以上にビジネス権益最優先で、北京にすり寄る。事なかれ主義の日本の財務官僚は米欧に追随することしか考えない。そんな具合だから、国際通貨基金（ＩＭＦ）は２０１６年10月、主要な国際通貨で構成される合成通貨、特別引き出し権（Ｓ

DR）に加えた。順位はドル、ユーロに次ぐ第3位で、円と英ポンドを押しのけた。人民元は世界の中央銀行準備通貨として採用され、少なくても中央銀行同士ではドル、ユーロ、円などと交換しあえる。人民元は単なる紙切れではなく、主要国際通貨を意味するSDRの刻印が捺されたわけで、北京は世界に人民元決済を広める道が開けた。

（解説）中央銀行資金と現預金

日銀など中央銀行が市中銀行に供給するカネは金融用語で「ベースマネー」と呼ばれます。われわれにとって身近なお金は、現金と預金のことで、金融用語では「マネーストック」と呼ばれます。ベースマネーの増加に対して、マネーストックがどのくらい増えるか、ということを示す金融用語は「信用乗数」と呼ばれます。本記事はそれを表しています。平たく言えば、中央銀行が1お金を増発すれば、巷のお金はどのくらい増えるか、というのが信用乗数です。この原理は、銀行が仲介する金融経済の特徴です。中央銀行が市中銀行にカネを供給すると、そのカネの多くが貸し出しに回ります。貸し出されたカネは預金となって銀行に還流します。市中銀行はそのカネの大半を別の借り手に貸し出します。それは再び預金となって銀行に還流します。この循環と連鎖の中で、預金が増えて行きます。預金にならずに現金となって流通する分ももちろんあります。そこで現預金を総合したのが「マネーストック」です。ちょうど酵母を使ってパンを焼く原理と同様、中央銀行によるカネの増発が「種」となって、巷のカネ、現預金が増え、膨らむるわけです。

　現預金が増えるということは、銀行融資が活発に行われることが前提になります。銀行が貸さない、あるいは借り手が借りないことになれば、現預金は増えにくくなります。貸し出し、借り入れが活発になるためには、借りやすくさせる金融政策が欠かせません。即ち、利下げです。金融資産市場が未発達な現預金社会の中国の場合は、伝統的に信用乗数が高めに出ます。共産党が金融機関、企業、中央・地方政府を支配する中国では、インフラ、不動産開発、工業生産にカネを重点配布して、経済成長率を押し上げるので、利下げ効果も高く、格段に上記の信用乗数が高いのです。現預金が多いことは、それだけ消費者の潜在的な購買力が高いわけですが、中国の消費者は国内ではあまりカネを使わず、日本などでまとめ買いするのです。

　しかし、中国のマネーの素は、前述した通り流入する外貨にあるわけですから、外貨流入が止まれば、巷のマネー増殖も不可能になってしまう危険があります。５以上という数値は、ベースマネーと現預金の昨年１年間の増加額を対比した結果です。日本の場合は0.4余り、米国は１です。

　実は１９９０年代のバブル崩壊期で日本の信用乗数は５程度でした。今の中国と同水準です。米国も１９９０年代から２００７年までは5～10の範囲で動いてきました。ただし、中国のマネー増殖力がすさまじいのは、米国と同規模のお札を刷りながら、現預金を膨張させるパワー、即ち信用乗数が５もあるということに、注目しなければ成りません。分母となるマネタリーベースが比較的短い期間で大きくなっても、銀行融資が追いつかず分子の現預金はさほど増えないのです。

日本の場合は、日銀が「異次元緩和政策」と称してベースマネーを急増させています

が、貸し出しがさほど増えないので、信用乗数が低迷するのです。しかし、日銀が増発するカネの４割相当は巷のカネとなって回るわけで、威力は小さいとは言え、増発しなければ現預金の総量は伸びず、景気低迷がひどくなったでしょう。

2　人民元膨張の秘密

中国の現預金の膨張は止まらない。前述したように残高は２０１７年末で27兆ドル強（約２９００兆円）で、実に日本の3倍、米国の2倍。人民元膨張の秘密は米国を中心とし、欧州も日本もどっぷり漬かるドルを基軸とする国際金融システムにある。

２００８年９月の「リーマン・ショック」後、米連邦準備制度理事会（ＦＲＢ）は２０１４年末までにドル資金発行残高を４倍に増やしたが、人民銀行はドルに見合う元を増発した。人民銀行は中国に流入するドルを自ら決めた交換レートで全面的に買い上げて、

相当額の元資金を発行する。人民元はドルに対して安定し、しかも、国内ではインフレ率も低位に推移している。となると、人民元の通貨価値は超安定というわけで、国内外で信頼されてくる。

ワシントンは元安には厳しく反応する。元安が進めば、米国製品の対中輸出力が下がるので、産業界の意を受けた米議会が激しく反発する。米議会は財務省が毎年2回、議会に提出する為替政策報告書に基づき、為替相場を不当に操作している国に対してと「為替操作国」と認定する権限を持つ。為替操作国に認定された国が是正に応じないと、高率の関税で制裁される。中国は制裁を避けるため、2005年に極めて小幅ながら人民元相場を変動させる管理変動相場制に移行した。米議会では以来、為替操作についての対中批判の声が弱くなった。管理変動と言っても、毎日、通貨当局が市場介入によって人民元相場を操作しているのだが、目立った切り下げさえしなければ、見て見ぬふりをする。それには理由がある。

中国人民銀行が外国為替市場から外貨を大量購入して、元の量を増やすと金融緩和効果で消費が刺激され、中国市場が拡大する。アップル、マイクロソフト、インテルなど情報技術産業や、米本国市場で苦戦するビッグ3など米企業にとって、中国市場で売り上げを伸ばせる。

米議会でも人民元について変動相場制への移行を求める声が今ではほとんど聞かれなくなった。欧州となると、ドイツも英国もフランスも米国以上にビジネス権益最優先で、北京にすり寄る。日本の財務官僚はもともと中国当局からの接待攻勢に弱いし、国際通貨基金（ＩＭＦ）スタッフとして派遣されても、米欧に追随するのが常である。こうして、北京は外部からの妨害なしに、管理変動相場制という、人民元増殖マシンをフル稼働させることができる。

3　人民元は国際金融市場を揺さぶる

中国の外国為替市場は当局が変動を抑える管理変動相場制をとり、日米欧のような自由変動相場制に背を向けている。人民元相場安定のために、外為市場管理に加え、海外との資金流出入を規制し、金融・資本市場を統制している。外為市場、金融・資本市場とも自由原則に貫かれている世界で、米欧が仕切る国際通貨基金（ＩＭＦ）は中国に関しては特例扱いし、規制と統制を容認してきた。

管理変動相場制度は、ドルを事実上の担保として人民元を発行して、市中に流す中国特有の金融制度の要である。人民銀行は元の対ドル相場を低めに固定して変動を抑えるので、輸出競争力を維持できる。人民銀行が元を大量発行しても、ドル準備の裏付けがあるとみなされて相場が安い水準のまま安定するので、外国からの対中投資が進む。元をドルにリンクさせたよいとこどりの通貨制度だが、日米欧が13億人の中国をグローバル市場経済に組み込むために容認してきた。中国は西側世界を中国市場に引きつけることで、１９７０年代末からの改革開放路線開始以降、アジア通貨危機（１９９７年）、リーマンショック（２００８年）など、国際金融危機を乗り越えたのだが、硬直的なシステムは内部でほころびが生じると全面崩壊するリスクを抱える。中国の市場不安をきっかけに、大量の資本逃避が起きたり、ドルが中国に流入しなくなると、この通貨・金融システムはたちまち機能不全に陥るばかりでなく、中国経済モデル崩壊の危機に直面する。すると、国際金融市場に不安が伝播し、市場の動揺が世界に広がる。

最近のデータはそうした不安をさらけ出している。詳細に見てみよう。

中国の場合、外貨の主な流入源はモノの貿易などで構成される経常収支黒字と外国か

グラフ 1-2　中国の国際収支　(億ドル・年)　データ：CEIC

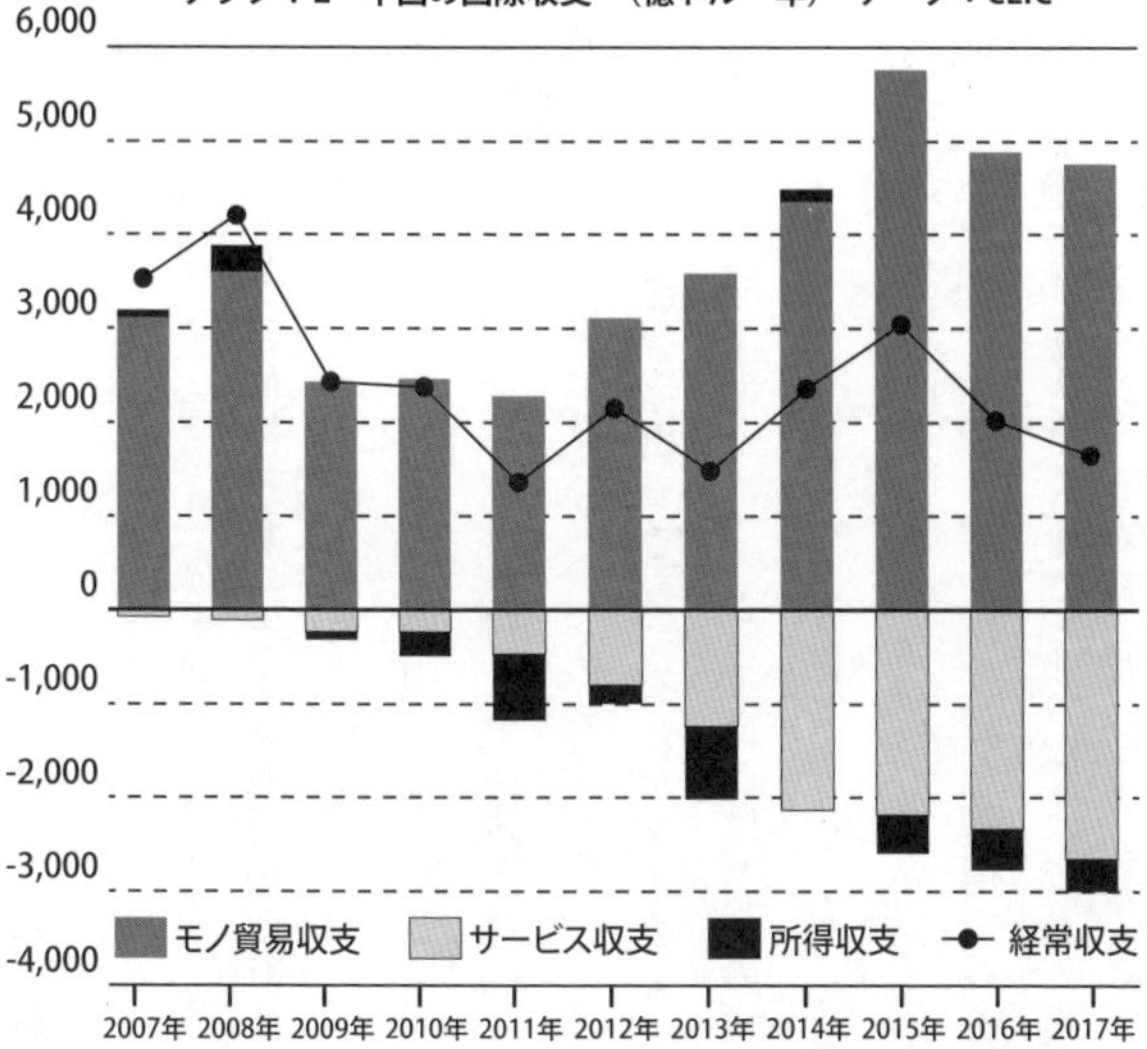

らの直接投資である。貿易黒字は２０１５年に過去最高にふくらんだが、その後は減りぎみだ。経常収支構成項目では、旅行収支や特許料収支などのサービス収支の赤字が膨らんでいる。利子・配当収益など所得収支の赤字もあり、貿易収支の黒字はこれらに食われて、経常収支は貿易で稼いだカネの35％まで減る。２０１７年は貿易黒字４７６１億ドルに対し、経常黒字は１６４８億ドルである（**グラフ１－２**）。

海外からの対中直接投資の伸びも大きく鈍化している。人件費の高騰や環境汚染の悪化などが外国企業全般に対中投資を慎重にさせている。流入するドルなど外貨をもとに人民元資金を積み増す仕組みに限界が出ているわけだ。

もっと恐るべき荒々しいマネーの動きがある。資本逃避である。中国の外為集中制度では、経常収支と、直接投資など金融収支の合計額がプラスであれば海外からネットで入ってくるカネになり、通貨当局に吸い上げられる。中国では中央銀行当局が外貨の出入りを集中管理する。資本の出入り自由の日米欧とは基本的に違う。

当局の監視の目をくぐり抜けた資本逃避は国際収支に把握されないが、外貨準備増減は合法、非合法を問わず、すべてのカネの流出入を反映するので、外貨準備増減と経常収支・金融収支の差額を算出できる。それがマイナスであれば当局が把握できないカネの流出、つまり資本逃避であり、プラスであればヤミの資本流入とみなすことができる。

グラフ1-3は以上の計算手法で算出したデータによるが、資本逃避は2015年に激化し、年間で1兆ドルを超えたあとも年間2000億ドルを超えている。資本逃避は慢性化している。コンスタントに外貨を獲得できる経常収支黒字は減る傾向にあり、17年は2000億ドルを大きく下回った。それでも外貨準備が減らずに済んだのは、対外負債を増やしたからである。資本逃避を止められない中国は、外部からの債務を増やさないと、

グラフ1-3　中国の国際収支（億ドル／年）と人民元相場

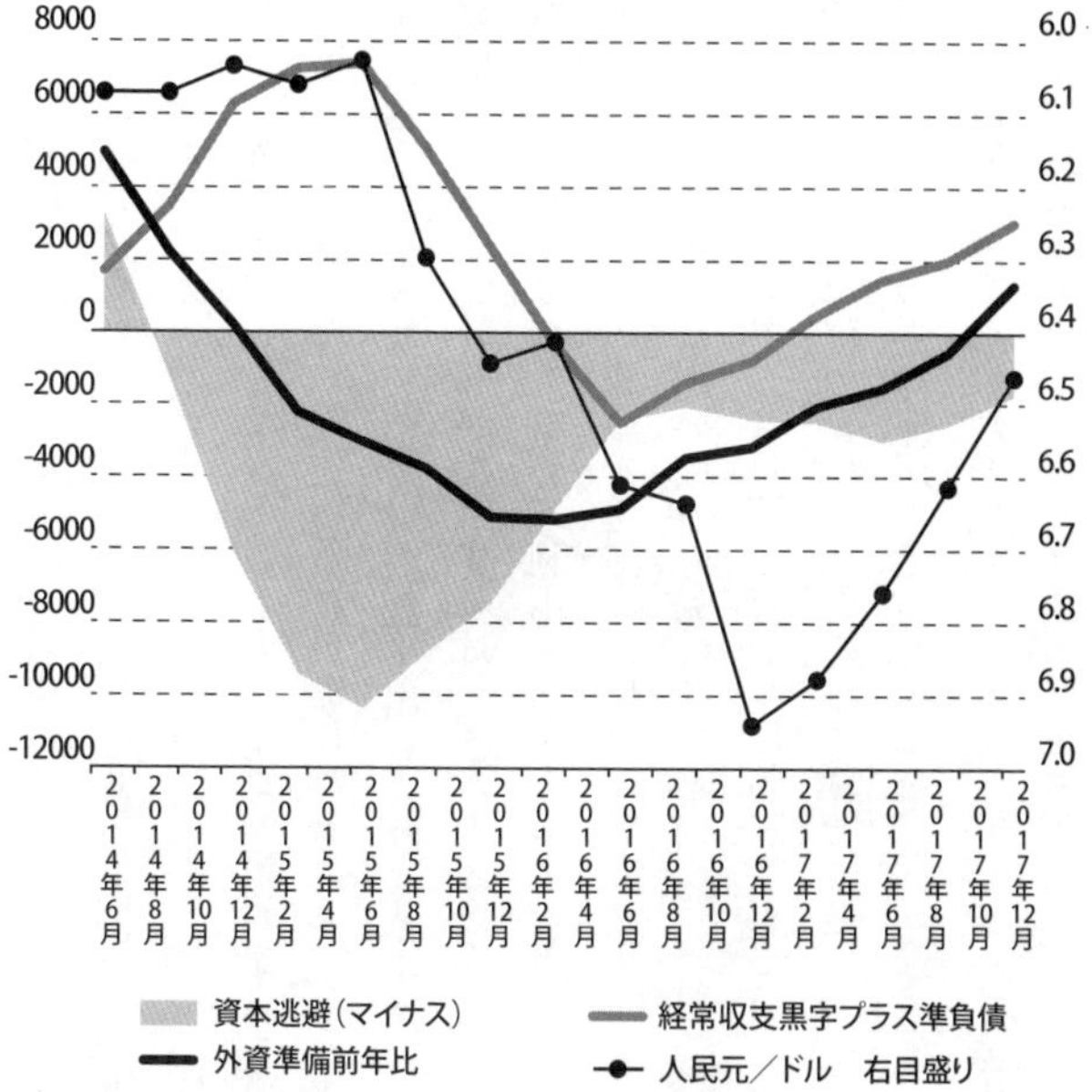

外準を維持できなくなっている。

中国は金融や資本市場の統制によって、資金流出を厳しく制限しているはずだが、資本逃避を防げない。なぜか。

中国企業や金融機関から不正蓄財する党幹部に至るまで、国際金融センター香港を拠点に資金を海外に移転させてきた。香港に法人を設立し、その法人がさらにケイマン諸島などタックスヘイブン（租税回避地）に帳簿上の別法人（ペーパーカンパニー）を設

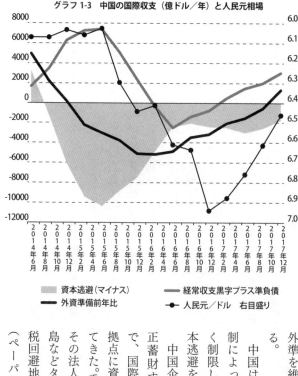

立して、資産を移す。この方式は香港の大手財閥が資産を分散させるための常套手段で、香港にはそのノウハウを持った指南役の金融機関やコンサルタントがひしめいている。帳簿上でペーパーカンパニーに移した資産を、今度は「外国企業」の看板で本土に投資する。法律上、外国企業として扱われると、不動産投資を含む直接投資で優遇される。逆に、不動産相場の下落などで損失の恐れが生じた場合は、さっさと本土外に資金を引き揚げる。

また輸出や輸入を装って、資金を出し入れする手法もある。もちろんそれは違法だが、裁量権限を持つ党幹部が指示すれば、スムーズに手続きできる。

あるいはマカオのカジノを利用する手もある。カジノのＶＩＰルームでギャンブルしてわざと負けて、その資金を逃避先の口座に振り込む。こうした手口に走る者の多くは、複雑な金融の仕組みに疎い地方の党幹部だという。

個人の外貨持ち出しは年間５万ドルに制限されているが、親類縁者、友人などに委託して、まとまった単位の資金を海外に移すことも多い。

いわゆる大物の党幹部がこぞって子弟を米国、カナダ、豪州など海外に留学させるのは、移した巨額の資産の管理を他人ではなく、安心できる身内にまかせるためでもある。

富裕層が米国のロサンゼルスやニューヨーク、あるいは東京都心などで日本円換算10億円前後もの不動産物件を現金で買う場合、現地に住む縁者や友人に現地通貨の資金融通を受ける。その額に相当する人民元資金を融通元が保持している本土の銀行口座に振り込む手もある。「老朋友」と呼び合って個人間の信用を重視する風潮や、「帮（ばん）」＝同郷者など特定の仲間による組織」が根付いている中国人同士ではよくある手法である。海外に住む中国人が増えるに従って、この手口の件数も規模も大きくなっている。

逃避資金は主として投機目的のカネである。投機資金は中国語では「熱銭」と呼ばれる。熱銭は、中国国家統計局が金融収支項目として把握できる合法分と、そうでない「誤差脱漏」、つまり正体不明に分かれる。正体不明分には党幹部の不正が絡む。

グラフ1－3が示すように、2015年半ばの資金流出額は1兆ドルを超え、中国史上最大規模になった。リーマン・ショック直後の流出額は約年2千億ドル、12年6月の同3千億ドル超をはるかにしのぐ。12年の場合、胡錦濤前指導部から習近平体制に移行する直前に、巨額の不正蓄財資金が海外に逃げた。さらに、不動産投機の資金が不動産相場の下落を嫌って流出する傾向も時期によっては出てくる。

4　カネから銃口が生まれる――軍拡支える人民元発行

北京では毎年3月､恒例の全国人民代表大会（全人代､共産党が仕切る国会）が開かれる。２０１８年会議の冒頭で李克強首相が発表した18年の予算案では、国防費を前年比8.1％増の1兆１０６９億元（約18兆４５００億円）とした。２年連続で１兆元の大台を超える。

軍事費膨張を可能にしているのは、中国の通貨制度である。中央銀行が供給する資金は「マネタリーベース」と呼ばれるが、党が支配する中国人民銀行は流入するドルなど外貨を商業銀行から買い上げ、マネタリーベースをその分増やす。２００８年9月のリーマン・ショック後、米国連邦準備制度理事会（ＦＲＢ）は3度にわたる量的緩和（ＱＥ）に踏み切り、14年10月のＱＥ終了時点で、リーマン前に比べたドルの資金供給（マネタリーベース）残高を4倍増やした。

ドル資金の増加相当額にほぼ見合う外貨が新たに中国に入り、人民銀行はやすやすと米ＱＥによるドル増加額並みの人民元資金を追加供給してきた。中国のマネタリーベースは14年末、リーマン前の07年末に比べてドル換算で3.4兆ドル増えた。この間のドルのマネタリーベース増加額は3.1兆ドルである。

人民元資金発行こそは中国の軍拡の原動力だ。軍事費、ＧＤＰとも２００８年までは人民銀行による資金供給の伸びに合わせて増えてきた。さらに２００９年以降は急増するマネタリーベースに引き上げられるように軍事費が二桁台の増加を続けていることがわかる。リーマン後、２０１４年までは人民銀行による人民元資金供給量がドル換算で１兆ドル増えるごとに、軍事費は約５００億ドル増えている。中国は米国の量的緩和政策に伴うドル資金増加量に見合う分、通貨を膨張させてきた。それに合わせて軍事にカネをつぎ込んだのだ。毛沢東は「銃口から権力が生まれる」と言ったが、カネから銃口が生まれる。（**グラフ1-4参照**）

国内総生産（ＧＤＰ）規模が米国の半分程度の中国が米並みに資金を大量増発すれば高インフレになりそうなものだが、現実には低インフレ率にとどまってきた。「管理変動相場制」のもとに外為市場操作を行い、人民元の対ドル相場を日々、上下それぞれ前日比２％の変動幅に抑えている。通貨が安定すれば、輸入物価も安定する。

商業銀行につぎ込まれた人民元資金は不動産開発向けなどに融資され。さらに預金となって銀行に還流し、銀行は新たに融資するという「信用創造」が活発になる。人民銀行

グラフ1-4　中国の軍事支出と人民元発行残高の推移（億ドル）

データ：ストックホルム国際平和研究所（2016年まで）、CEIC

注：2017,8年の軍事費は中国国防報告の前年比伸び率に応じた筆者推計

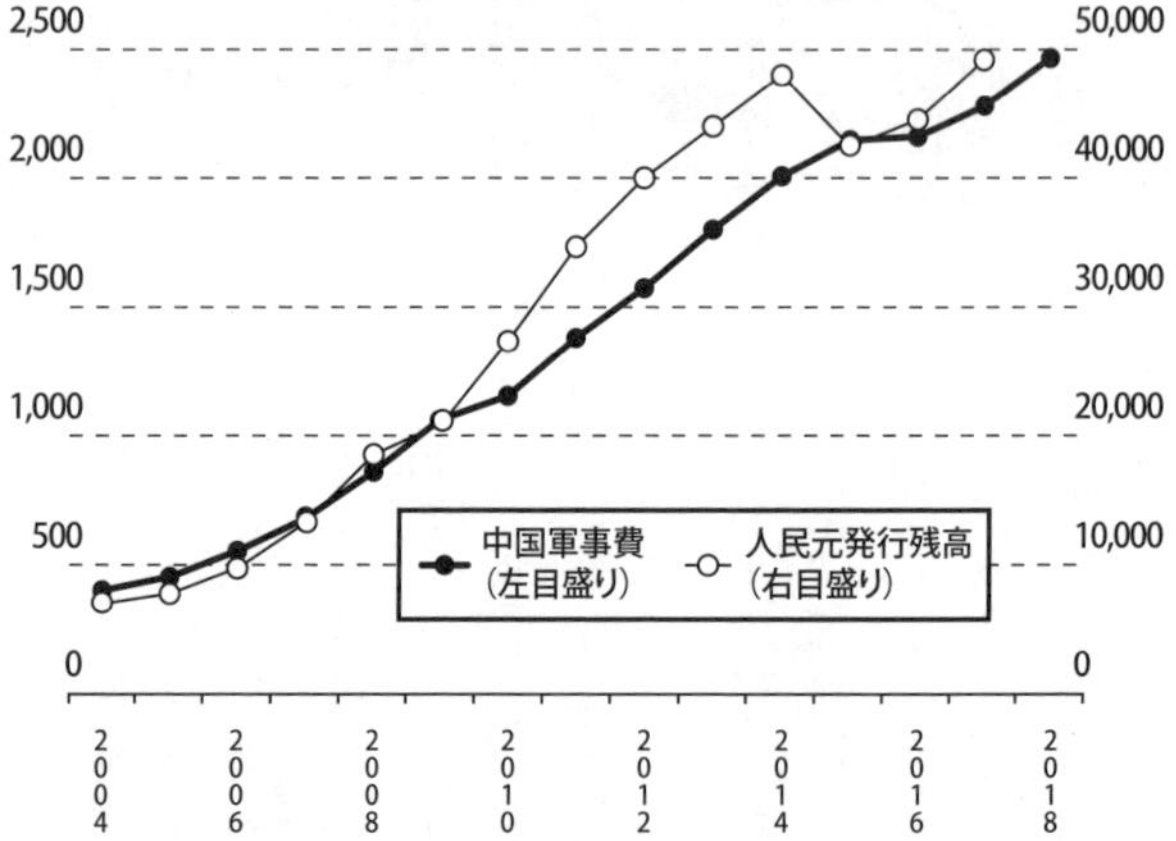

が資金を1供給すると、現預金はその5倍以上増えている。その比率は「信用乗数」と呼ばれるが、最近のデータでは日本は0.4、米国は1程度である。中国のマネーを増殖力は図抜けている。中国の現預金総額は17年末で日本の3倍、米国の2倍である。

人民元は統制が効いた外為市場で超安定だから、いくら刷っても価値が下落しない。外国の企業や金融機関も好んで人民元での取引を拡大する。人民元の外部への持ち出しは一般には制限されているが、特権を持つ中国の国有商業銀行や国有企業は香港を足場に人民元資金をフル活用できる。香港の中国系銀行と香港上海銀行など外銀大手は外貨と引き替えの人民元の多くを中国本

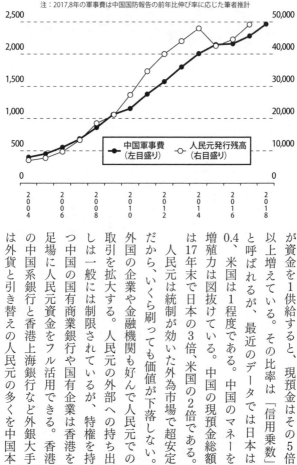

土に還流させる。巨額の人民元資産が海外に蓄積されると、自由な人民元市場が本土外に成立する。それを防いでいる。

香港を足場にすれば、党幹部が支配する企業や軍はふんだんな人民元資金を使って、外国の企業、不動産、さらに先端技術、武器まで積極的に買うことができる。

中央銀行が軍備のための金庫に一なる仕組みは実のところ、共産党中国固有というわけではない。17世紀末の英国にまで起源がさかのぼる。

お札の発券銀行である中央銀行制度は砲声とともに始まった。世界初の中央銀行は1694年に民間資本としてロンドンに創立されたイングランド銀行である。同行はフランスとの戦争費用を調達して政府に融資するのと引き替えに、金銀の裏付けのない紙幣発行の独占権を得た。

米国では1861年、南北戦争が勃発。リンカーン大統領は62年に「永続的な通貨発行制度」と宣言して政府紙幣「グリーンバック（緑背紙幣）」を発行し、戦費を調達した。

政府紙幣だと、政府は国債発行せずとも、財源を確保できるのだが、英国などの国際金融資本が強く反発した。国債を売り買いすることでもうける機会が失われるからだ。リンカーンが暗殺されたあと、米国でグリーンバックは徐々に廃され、英国をモデルとした民間金融界出資の中央銀行システム「連邦準備制度」が1913年に設立された。

米国では政府が直接、通貨を発行することのメリットを評価する声は今なお、根強い。政治権力者にとっては、政府が直接、通貨発行権を掌握できれば、ウォール街から自由になれる。

以上まとめると、中国の通貨、人民元制度は実は、中央銀行制度と政府紙幣発行制度の両側面を兼ね備えている。発券銀行である中国人民銀行は軍と行政府同様、党によって直接支配されている。人民銀行から資金供給を受ける国有商業銀行も党支配下にある。人民銀行を中心とする金融システム全体が党によってコントロールされる。通貨の発行と配分権は党指導者が保有しているのだから、人民元はその本質において、政府紙幣である。見かけは日米欧のような中央銀行制度をとっているのだから、人民元はグリーンバックのように国際金融資本から憎まれることもない。

世界の大手金融機関は人民元業務を新たな収益源にしようと躍起になっているくらいだから、人民銀行制度を容認しているのだ。

中国は、2016年10月、国際通貨基金（IMF）が発行する計算上の通貨SDR（「特別引き出し権」と訳される）の構成通貨への人民元組み込み工作に成功した。人民元は円を抜いて、ドル、ユーロに次ぐ世界3大国際通貨に数えられ、世界各国通貨当局の公的準備資産に組み込まれる。人民元の国際化によって中国はマネーパワーをさらに発揮しやすくなる。

5 「人民元帝国」への道

通貨と政治・軍事が一体となって多くの地域を影響下に置くのが「帝国」である。

19世紀には英国は金本位制によって世界に君臨した。南アフリカのような産金国を植民地として支配すると同時に、金の裏付けのある英ポンドは世界の余剰資金をロンドン金融市場に引き寄せ、国際金融を取り仕切って、金利や手数料で膨大な収益を稼いだ。各国は戦費調達をロンドンで行うしかなく、融資を受けられなければ、敗北が決まったのも同然だった。日露戦争でアジアの小国日本が大国ロシアに勝てたのはロンドンの金融資本が融資に応じてくれたおかげである。

現代の覇権国米国は「ドルの帝国」である。ドルの現金発行残高の5割以上は米国外で流通している。国際取引される商品はすべてドル建てだし、国際金融市場もドルが主役だ。

故人だが、野村証券のトップだった田淵節也氏は「ドルが基軸通貨であるゆえんは、米国の巨大な軍事力にある」と、ことあるごとにつぶやいていたものである。

アラン・グリーンスパン元米連邦準備制度理事会（FRB）議長は「合衆国はいくらでも債務を支払えます。なぜならわれわれは、そうするために常にドルを刷れますから」と議会で証言した。そのドルを発行しさえすれば石油も自由に買える。石油価格はドルで表示され、ドルで売り買いされる。石油のドル決済を拒否したイラクのサダム・フセインは米中央情報局（CIA）によってでっちあげられた「大量破壊兵器保有疑惑」のために、圧倒的な兵力を展開する米軍によって打倒された。周辺のアラブ産油国の王族達は震え上がった。サウジアラビア、クウェートなど他のアラブ産油国もまた、石油取引をユーロなど他通貨に多様化しようとしていたのだが、米国の剣幕に恐れを成して断念した。そのあと、隠れ家の土中に掘った穴から引きずり出されたフセインが手にしていたのは皮肉なことに100ドル札の束だった、と米軍関係者から聞いた。フセインはドル体制に反逆したが、ドルなしには逃げることができないという現実を思い知らされたのだ。

中国はどうか。前節で明らかにしたように、中国は通貨人民元を軍拡に結びつけている。

党・軍・カネが一体となっている中国が「人民元帝国」をめざすのは、通貨なくして覇権を握れないからだ。その観点に立ってこそ、習近平総書記が打つ手の一つ一つの真の意味がわかる。

中国主導のアジアインフラ投資銀行（ＡＩＩＢ）本部を２０１５年中に北京に創立し、日米主導のアジア開発銀行（ＡＤＢ）に対抗するようになった。米国の裏庭、中南米のニカラグアでは中国資本が第2パナマ運河建設事業に乗り出した。さらに中国のイニシアティブでＢＲＩＣＳ5カ国（ブラジル、ロシア、インド、中国、南アフリカ）共同出資による発展途上国向けの新開発銀行の本部を上海に置く準備も進めている。両金融機関とも新興国・途上国の外貨準備合計の約5割のシェアを持つ中国がそれを見せ金にして、仲間を集める。

他方、ワシントンでは執拗なロビー活動を続け、16年秋には人民元を国際通貨基金（ＩＭＦ）の仮想通貨「ＳＤＲ」の構成通貨に認定させた。人民元は円の座を超えて一挙にドル、ユーロに次ぐ世界第3位の国際通貨の座についた。

では、習近平総書記は地政学的にどんな将来像を描いているのか。

習氏は２０１４年11月、バングラデシュ、タジキスタン、ラオス、モンゴル、ミャンマー、カンボジア、パキスタンの首脳を北京に招き、400億ドルの「シルクロード基金」を創設すると表明した。高速道路、鉄道やパイプライン、通信網などのインフラ整備を援助するという。

国営通信社、新華社はそこで新シルクロード地図を発表した。地図には「一帯一路」と総称する2つのルートが記されている。1つは陸路で、西安からカザフスタン、キルギスタン、イランを縦断し、イスタンブールからモスクワを経てポーランド、ドイツを通ってベルギー・アントワープとオランダ・ロッテルダムに至る。さらにオーストリアのウィーンを経てベニスまで折り返す。

もう1つは海路で、中国の福州港からインドネシア、バングラデシュ、スリランカを経てケニア・ナイロビに。さらに中東、紅海を縦断してスエズ運河を経てギリシャに渡り、ベニスに至り、陸のルートと結合する。

内容は大ざっぱだが、新華社によると、陸のルートは新しいユーラシア輸送回廊であり「シルクロード経済ベルト帯」「シルクロード経済圏（ベルト）」と称している。「一帯一路」の沿線開発は利権をめぐる権力闘争のるつぼと化す。北京にほど近い天津市に隣接した沿海部唐山市曹妃甸（そうひでん）開発区は胡錦濤前総書記肝いりの開発プロジェクトだが、習氏が権力を握るとゴーストタウンと化した。代わりに習氏肝いりの「雄安新区」が建設されている。同新区は曹妃甸の西、約200キロの河北省雄安県にある。

ともかく、ユーラシア大陸から欧州大陸、さらに中近東、アフリカ、東南アジア、東アジアと鉄道、通信、港湾を中心にしたネットワークで結ぶ壮大な経済圏を建設する構想だ。必要な資金は、アジア・インフラ投資銀行、BRICS銀行も用意する。人民元がIMF認定の国際通貨となれば、人民元がそのまま投入される条件が整う。

つまり、モノもカネも、さらにヒトも情報も、すべての道が北京に通じる、というわけである。そうした巨大な経済圏に人民元が浸透、流通して行く。

アジア・インフラ投資銀行について、日本国内外のメディアは「米中心の国際金融秩序への挑戦」と解説するが、習氏の野心はそんなレベルどころではないはずだ。

新シルクロードの地図とモンゴル帝国の版図を重ねて見ればよい。新シルクロード構想はあたかも、13世紀のモンゴル人による大元帝国を彷彿させる。モンゴル帝国は大都（現在の北京周辺）を本拠にして、強大な軍事力を背景に中国大陸から中東、ユーラシア大陸全域に「交鈔」と呼ばれる紙幣を流通させた。史上初の紙幣による世界通貨帝国だった。

現代の中国の一面は大元帝国の継承国家である。モンゴル人は漢族の明によってモンゴ

中国が進める「一帯一路」経済圏構想

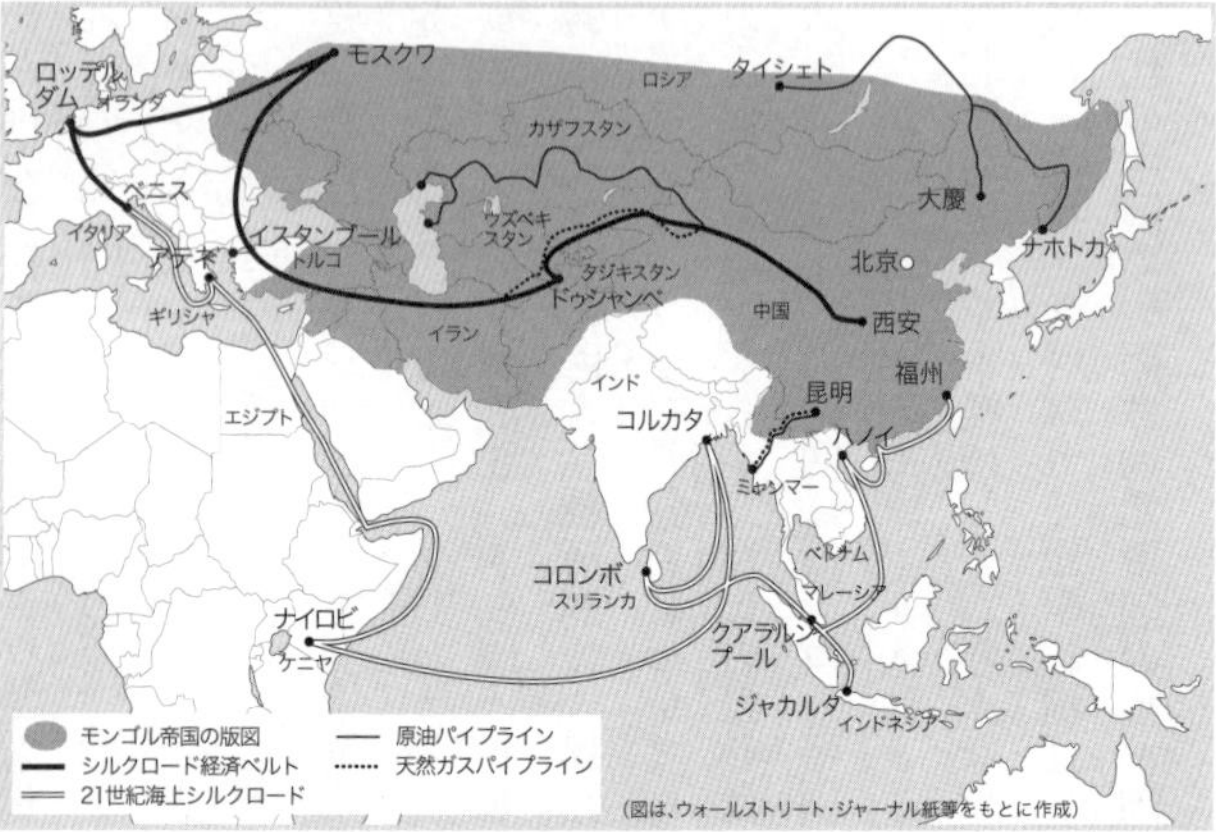

ル高原に追い返されたが、その明は清帝国に取って代わった。世界的歴史学者、故岡田英弘さんの精緻な分析によれば、清王朝は満州族を中心にしたモンゴル族、漢族、チベット族などの連合体で、大元帝国の流れを汲んでいる。現代中国は共産党という、種族を超えた武装集団が清帝国の版図をそっくり乗っ取った。習近平総書記・国家主席の共産中国はさらに清からさかのぼって大元帝国のサイズにまで膨張する衝動に駆られている。

米国主導の国際開発金融に対抗して、中国主導の新国際金融機関を相次いで創設し、さらに人民元を国際通貨基金（ＩＭＦ）にドル、ユーロに次ぐ国際通貨として認知させた。ドルを踏み台にしながら、ドル中心の国際通貨・金融秩序に挑戦するわけだが、米国は人民元のドル利用を本気で阻止しようとはしない。中国がドル本位制をとる限り、米国債が中国によって買われ、米金融市場の安定につながる。同時に、人民元の対ドル相場の安定は中国市場の拡大を支え、進出米企業の利益を増やすという成功体験がある。他方、ロシアのプーチン大統領はドルに対抗する習総書記の観点から、人民元決済による石油や天然ガスの対中輸出に前向きだ。

習政権はこうして、軍事のように米国から厳しくチェックされることもなく、モンゴル帝国が通貨でユーラシア大陸を制覇したように、東アジア、東南アジア、中央アジア、中東、さらにロシアを人民元経済圏に組み込んで行くだろう。

人民元帝国の膨張は日本、東アジア、さらに世界にとっては脅威である。通貨で主導権を握れば、経済はもとより外交、安全保障も中国共産党の考えるルールに日本もアジアも世界も従わされかねないからだ。

第2章 「人民元帝国」のゲリラ的シナリオ

1 アジアに浸透する「国際通貨」人民元

人民元札の中国での正式名は「人民幣」。通貨単位は円の中国字体「圓」である。本書では便宜的に日本での呼称「人民元」を用い、圓の略字体「元」と表記した。1元から最高額面は100元札まで、いずれも毛沢東の肖像が入っている。2010年ごろ、中国が孔子の肖像を印刷した500元札の発行を検討している、という情報を知人の中国人評論家から耳にしたことがある。中国が人民元札の国際化を進めるにあたり、その象徴としてふさわしい人物として、日本や韓国、台湾、東南アジアに広く浸透している儒教の開祖を登場させるつもりかもしれない、と思って、産経新聞のコラム欄でちょっと触れたら、欧米のジャーナリストたちから「本当か」と問い合わせが殺到して辟易したことがある。

孔子と言えば、中国当局は日本などアジアや米国、欧州を含め世界各国の大学に取り入って「孔子学院」という宣伝工作機関を相次いで設立し、各地の学生、大学などを「洗脳」している。人民元札の孔子版は世界の中国化がかなり進展したうえで持ち出すのだろう。

中国共産党の人民元国際化戦略は毛沢東以来のゲリラ戦法を基礎にしている。まずは布石を随所随所に打つ。つまり解放区を建設する。そこを拠点にわずかずつ、じわじわと支配地域を拡大する作戦だ。それは別名で「サラミ・スライス作戦」とも呼ばれる。サラミ・ソーセージのように薄く切り取って、最終的にはすべてを食べてしまう、というわけだ。

前述したように、習近平政権は2016年秋に主要国際通貨のメンバーである国際通貨基金（IMF）の「特別引き出し権（SDR）」構成通貨に人民元を押し込んだことで、国際化のための一大拠点を確保した。

「IMF本部を北京に移してもよい」とうそぶいたほど、親中派として知られるフランス出身のラガルドIMF専務理事が強くサポートしたことはもちろんだが、中国当局は各国の了解を取り付けるだけの「見かけ」をよくした。中国の輸出は世界最大で、輸入と合わせた貿易総額は年間4兆ドル程度で、米国と肩を並べる。習近平政権は元のSDR認定に向け、貿易の人民元決裁の拡大に大号令をかけた。全貿易に占める決裁比率は12年には8％台だったが、14年には16％以上、さらに15年には26％まで引き上げた。その人民元建ての貿易決済額は、13年には日本の円建て貿易決済額を追い越し、14年には円決済額の2倍の規模になった。人民元建て決済の主要な相手は、東南アジア諸国連合（ASEAN）などだ。中国の貿易のうちアジアは53％（13年）を占め、日中貿易を除くアジア向け貿易額は、中国が日本の4・3倍に達している。そして、ASEANや韓国の各国通貨は、12年半ばから人民元の対ドル相場の変動に同調させ、対元相場を安定させるよう腐心している。

自国通貨の対元交換レートが安定しているなら、人民元で代金を受け取ったり、支払っても為替変動リスクは少ない。ならば、中国との貿易に依存する割合の高いアジア地域の通貨の尺度を人民元にするのが合理的とのコンセンサスが生まれよう。ロシアもプーチン大統領が人民元による石油代金決済受け入れを表明済みで、日本の銀行や商社業界も、元建てのビジネス取引を競い合うありさまだ。

貿易での人民元の利用拡大ばかりでなく、SDR通貨の資格条件として金融市場自由化も要求される。そこで習政権は14年11月には、上海証券取引所に上場する中国企業568銘柄の株式を、香港証券取引所を通じて外国人を含む個人投資家も売買できることにした。使う通貨は人民元で、中国政府は海外資金の流入による中国株の取引活性化を見込んでいるという声明も出した。

こうして、IMFは15年秋の理事会で1年後の人民元のSDR入りを承認したのだが、北京はその承認を得た途端に、人民元決裁を一挙に減らしてしまった。そのことは**グラフ2-1**が如実に物語る。決裁シェアは16年17%弱、17年には11%台で、元建て決済額も15年の半分、5000億ドルまで落ち込んだ。「中に入ってしまえば、こっちのものだ」と

グラフ2-1 中国の貿易総額と人民元決裁

データ：CEIC

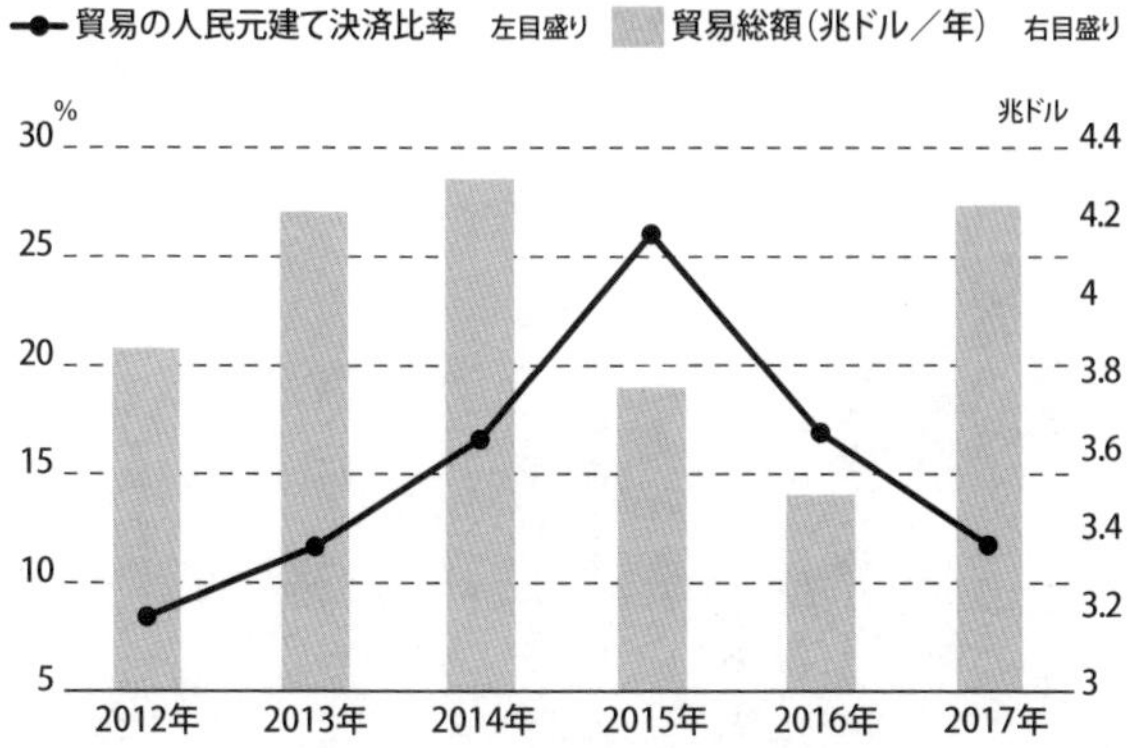

言わんばかりの所業である。ＩＭＦはすっかりだまされたが、あとの祭りだ。

貿易決済の落ち込みばかりではない。人民元の変動幅の拡大など、金融市場の自由化どころか、市場統制を強めている。国籍を問わず個人の中国からの人民元の持ち出しは禁止したままだし、資本の流出入規制を強めている。15年夏に人民元を切り下げて、元安政策をとったために、資本逃避が激しくなったので、市場の締めつけを強化した。そのために、「国際通貨」とは名ばかりで、人民元の使い勝手が悪く、元建て決裁が急減したのだ。習近平政権は国際合意の約束事は無視し、ひたすら自国の都合最優先だ。しかし、ＩＭＦや日米欧当局は中国の約束違反を責めようともしない。中国の共産党官僚はIMFや日米欧の事なかれ主義の財務官僚をバカにしきっているようだ。

（解説）人民元のIMFお墨付き「国際通貨」入りの工作

中国は、党の影響下にある大手国有商業銀行を東南アジアからロンドンなどヨーロッパの主要な国際金融市場に進出させて、人民元金融と貿易決済規模を拡大させてきた。その一方で、執拗なまでのワシントンでのロビー活動の結果、15年秋に人民元が国際通貨基金（IMF）の合成通貨「SDR（特別引き出し権）」の構成通貨に認定され、1年後に正式に組み込まれた。

SDRは現実には流通していない通貨だが、各国の外貨準備用として使われているだけに、政治的意義を持つ。SDRは現在、米ドル、ユーロ、円、英ポンドの「四大自由利用可能通貨」で構成され、保有国はSDRをこれらの通貨と交換できる。中国の人民元が加わると、世界各国の通貨当局や中央銀行は人民元を外貨準備として持つようになるので、人民元は国際決済用として一挙にグローバルに普及する道が開ける。

2008年9月のリーマンショック後、北京は国際金融社会の総本山、IMFに対し、人民元を「自由利用可能通貨」として認めるよう強く働き掛けてきたが、ことごとく跳ね返された。中国はまさに臥薪嘗胆、2012年秋に習近平氏が党総書記に就任するや、全力を挙げてワシントンDCにあるIMF本部でのロビー活動にいそしんできたのだった。

ドル、ユーロ、円、ポンドは、いずれも

世界の主要地域での買い物や貿易決済、金融取引で使えるから「国際通貨」と呼ばれる。対して人民元は、受け入れる地域や国が限られていたのだが、人民元決裁をロンドン金融市場に呼び込みたい英国などから、人民元は急速に地位を高めているとの見方が盛んに報じられるようになってきた。

国際銀行間通信協会（SWIFT）の調べでは、14年10月時点で国際銀行間の決済通貨としての人民元のシェアは1・69％（ドルは43・5％でトップ、円は2・91％で第4位）に過ぎないが、13年1月には0・63％、13位だったのが、7位へと順位を上げた。貿易に限ると前述したように、人民元建てによる決済額は13年には円建て決済を抜き去り、14年には円の2倍の規模になった。

イギリスの金融専門家の解説（英紙『フィナンシャルタイムズ』（以下、FT）電子版14年12月14日付）によれば、イギリス大手銀行の尺度では11年当初に比べて国際化が20倍になったとか、世界の中央銀行のうち少なくても60行が人民元を準備通貨に組み入れているし、イングランド銀行は昨秋、海外の中央銀行として初の人民元建て債券を発行した、という具合である。

イギリスは中国のチベット人権抑圧批判を控える一方で、「ロンドンを人民元取引の世界的センターにする」と財務相首脳が公言するほど、人民元関連金融ビジネスに執着する。ドイツ、フランス、ルクセンブルグ、カナダ、オーストラリア、カタール、韓国、マレーシア、タイも船に乗り遅れるなとばかり、自国の金融市場での人民元決裁を始めた。中国本土外での人民元決済拠点は13年までは香港、マカオ、台湾、シンガポールの4ヵ所に限られていたのが、14年以降は一挙に10ヵ所が加わった。

IMFでは2015年、5年ごとのSDR見直しが行なわれた。日本を含む理事会で、人民元を自由利用可能通貨として認定する方向に傾き、5年前に比べて情勢は大きく変わった。

2 陸海のシルクロードからアメリカの「裏庭」まで

「国際通貨」を海外に行っても使える通貨という意味に解釈すれば、人民元はすでにそうなりつつある。銀座やニューヨーク、パリのデパートなどで高額商品を買いあさる中国人観光客は、「銀聯カード」というデビットカードを使う。1回払いで、外為レートで換算された人民元相当額が中国の銀行の人民元口座から引き落とされる。スマホ決裁を受け入れる店が銀座でも増えている。いずれも日本で買い物した場合、銀行間決済ネットワークを通じて円建ての代金が店に支払われる。こうした決裁は輸入と実質的に同じで、中国からの外貨流出につながるが、人民元資金が国外に滞留、蓄積するわけではないから、北京当局も容認しているのだろう。

大量の人民元資金が海外で流通するようになれば、「ユーロダラー」、「ユーロ円」と呼ばれるような通貨発行国以外での当該通貨建て市場が形成される。ドルや円の金融市場は発行国内でも自由に取引されるので、海外で市場取引があろうとほとんど支障はない。しかし、中国で当局によって統制され、厳しく規制される人民元の自由市場が国外で成立し、自由に独り歩きするようになると、具合が悪い。本国内でも自由化に追い込まれかねないからだ。

銀聯カードを使わなくても、東南アジアの中国との国境地帯では、大量の人民元のキャッシュが飛び交っているところもある。

中国雲南省の省都昆明から、ラオスを経由してタイの首都バンコクまで2000キロ余りの道が延びている。2007年に開通したこの国道3号線上を、長距離バスが連日、南を目指して走る。乗客の多くは、中国内陸部の出稼ぎ農民や大きなバッグを抱えたうさん臭い男たちだ。彼らは10時間以上もバスに揺られたというのに、国境のラオスの町、ドサムイ県ボテンで目を輝かせて我先にと下車する。

彼らの目的地は、2002年にできた「ボテン・ゴールデン・シティ」と銘打たれた経済特区だ。中国企業がラオスから基本30年、60年延長付きで租借した「中国人租界」で、

21平方㎞の特区内の通貨は人民元、公用語は中国語、時間も北京標準である。特区の中心にはラスベガスをまねてつくられた中国系のカジノホテルがあり、カジノを核にゴルフ場などを備えた総合娯楽ランドになっている。客の大半は中国人で、賭博用チップは人民元でしか買えない。ここで、汗にまみれた人民元を手にした出稼ぎ労働者や、バッグに札束を詰め込んだ成金連中がギャンブルに興じるのだ。

また、ボテンなど国道3号線沿いの青空市場ではさまざまなモノが売られており、人民元で何でも買える。なかには檻に入れられた稀少動物もみられ、絶滅の恐れのあるトラの肉や臓器も密売されるが、これらはいずれも漢方薬として高値で取引され、中国に運び込まれるのである。ラオスの投資事業の4割は中国資本が占めており、熱帯雨林が手当り次第にゴム林に変えられている。そのため、中国本土以上の速さで環境破壊が進んでいるのが現状だ。

ボテンのようなカジノホテルは、ミャンマーの中国国境地帯にも建設されて中国化が進んでいるし、歴史的に中国への警戒心が強いベトナムですら、じわじわと人民元が浸透している。中国と接する周辺地域は、豊富な中国の物質を手に入れるために人民元を欲するのである。

中国は、物流を活発化するためのインフラ整備にも余念がない。昆明を起点に東南アジアを縦断する鉄道の構想のほか、中国主導でヨーロッパやアフリカまでを一大経済圏とすべく、「シルクロード経済ベルト」構想および「海上シルクロード」構想を打ち出している。昨年11月、習主席は、バングラデシュ、タジキスタン、ラオス、モンゴル、ミャンマー、カンボジア、パキスタンの首脳を北京に招き、400億ドルの「シルクロード基金」を創設すると表明した。鉄道やパイプライン、通信網などのインフラ整備を援助するというものだ。スリランカやギリシャでも、海上シルクロードの拠点確保のための中国の動きがある。

さらには、アメリカの「裏庭」ともいえる中南米にも手を伸ばしている。ニカラグア南部を横断する水路を開いてカリブ海と太平洋を結ぶ「ニカラグア運河」の建設事業に中国資本が乗り出しているのだ。運河の長さはパナマ運河の3倍以上もあるという巨大インフラ事業だが、この「第2のパナマ運河」が開通すれば、アメリカの影響力が強いパナマ運河に物流を依存せずに済むというもくろみがある。

3　中国が進める2つの国際金融機関の新設

２０１４年10月24日、習近平主席の肝いりで進められていた「アジアインフラ投資銀行（ＡＩＩＢ）」への参加を希望する国々の代表が、北京で創設計画の基本合意書に署名した。ベトナム、シンガポール、カタール、タイ、ミャンマーなど東南アジア諸国連合（ＡＳＥＡＮ）の大半とインド、モンゴル、クウェートなど21ヵ国が参加を表明、15年にはニュージーランドやサウジアラビアなど一部の先進国や中東の富裕国が参加を決めて26ヵ国に拡大した。

韓国とインドネシア、オーストラリアはアメリカが参加しないよう強く要請したが、拒否し、北京に走った。

中国主導でアジア各国のインフラ建設を支援するＡＩＩＢは、２０１５年12月25日に北京で発足し、２０１６年1月16日に開業式典を行った。資本金は１０００億ドル（約11兆円）で、創設メンバーは57カ国だが、17年3月には参加国・地域が70カ国に拡大し、アジア開発銀行（ＡＤＢ）の67カ国・地域を上回った。中国が資本金の半額を出資し、残りは経済規模に応じて賛同国が分担する。

アジアには、すでに日本とアメリカが主導するＡＤＢがある。それなのに、中国中心の地域開発銀行を関係国との共同でつくるということは、ＡＩＩＢはＡＤＢに対抗する「第2のアジア開発銀行」になる。

15年7月にはブラジル・ロシア・インド・中国・南アフリカの新興5ヵ国（ＢＲＩＣＳ）が、途上国支援を目的とする「新開発銀行（通称名はＢＲＩＣ銀行）」が上海を本部に設立された。

中国共産党機関紙『人民日報』傘下の国際情報紙『環球時報』の社説では、新開発銀行の本部が上海に置かれることを「可喜可賀（大変めでたく、喜ばしい）」と歓迎し、「上海は地理上および経済上、21世紀の中心になるだろう」と予測している。そして、「世界銀行やＩＭＦが支配してきた従来の枠組みは今後、競争に直面するだろう」と豪語した。

ＡＩＩＢもＢＲＩＣＳの新開発銀行も、新興国・途上国の外貨準備合計の約5割のシェアを持つ中国が、それを見せ金にして仲間を集めている。

4　中国の脅威に日本の対応は能天気

それにしても不可解なのは、日本側の対応だ。財務省はワシントンの顔色を見てＡＩＩＢ参加を見送っているが、同省の財務官を務めていた中尾武彦ＡＤＢ総裁は、中国側からの「ＡＩＩＢはＡＤＢの融資を補完する」との説明に対し、一貫して「前向きに検討する」態度をみせていた。

中国は、インドに次ぐＡＤＢからの大口の借り手で、新規借り入れ承認ベースで2012年は約18億ドル、13年は20億ドルという具合である。その中国が、アジアに長期、低利資金を供与して「アジアの盟主」になろうとするのに、黙認するとはお人よし過ぎやしないか。

わが日本のメディアも能天気である。以下の記事はその度合がよく出ている。

『「中国版マーシャル・プラン」』。ユーラシア大陸に海と陸の２本線を通してインフラ整備を進める「シルクロード」構想を中国メディアはこう呼ぶ。米国は第２次大戦後、西欧の復興を助け、米ドルと米国産品を世界に広めた。中国がそれを再現するとの認識だ」「ＡＩＩＢを秩序を乱す異端とみなすのか。それとも国際金融の枠組みに組み込むのか。中国が世界に踏み絵を迫っている」（『日本経済新聞』（以下、日経）電子版15年1月18日付）という具合だ。

世界に踏み絵を踏ませるほどのパワーが中国にあるというのは、膨張する中国の幻影に惑わされているからだ。中国の「世界最大の外貨準備」は見かけだけで外部からの借金でやっと維持されている。中国主導の投融資はベネズエラやアフリカの腐敗政権と結びつき、東南アジアでは乱開発を引き起こしている。「マーシャル・プラン」並みの諸国復興・開発どころではない。大甘の日本の対中観がメディアや経済界に蔓延し、誤った対中政策へと政府を導く。

中国がＡＩＩＢの原資としている巨大な外貨準備は14年半ばをピークに減り始め、1年半で約1兆ドルも吹っ飛んだ。外貨の流入源は大きく分けると、輸出、外国企業からの直接投資、さらに外からの投機資金（「熱銭」）など中国にとっての対外負債である。世界景気の低迷で輸出は伸び悩んでいるし、外国からの直接投資も中国の内需不振や人件費の高騰が嫌われて、減る傾向にある。おのずと熱銭の流入動向が外貨準備を左右することになる。日経など親中派は見かけだけの「チャイナ・マネー・パワー」に幻惑されているのだ。

第3章　破綻した高度成長モデル

1　鉄道輸送量で見えてくる中国の実体景気

資本流出入規制を前提にして成り立っている中国の通貨政策は、人民元が大量の投機資金の標的となることを極端に嫌う。だから国外との取引で国内に入ってくる外貨は、全面的に人民銀行が買い上げ、対ドルレートは官僚が管理して、一方的に人民元高が進むような展開をつぶす。こうした人民元を割安に固定しておく施策は、中国共産党にとって賢明かつ最良の施策であった。

だが、各国が金融緩和で通貨安政策をとると、割安だった人民元も相対的に上がっていく。人民元高で輸出が振わなくなってきても、人民元を下げる選択肢はない。円高局面では中国からの輸出が活発だったけれども、アベノミクス効果で大幅な円安に振れると、日本企業が国際競争力を取り戻して日本国内で増産することとなり、中国の輸出は増えなくなる。

こうして中国経済は輸出主導による高度成長期が終わったはずなのだが、以前と同じペースでモノづくりを続けている。共産主義経済では、どんどんモノを作れば成績が上がるという悪しき習慣がある。生産高が売上高として評価されるので、どうしても過剰に作ってしまうのだ。

それに、たとえば赤字操業の国営企業が生産を縮小して従業員を解雇したくても、企業を仕切る共産党幹部の責任が問われてしまうので、ズルズルと現状容認になってしまう。大手国営企業ともなると、共産党幹部が国家の政治権力と直接結びついた中央委員だったりするので、リストラなどなかなかできない構造になっている。

胡錦濤政権時代、8％の経済成長率を死守するという「保八《ほはち》」が唱えられた。これは、党官僚が官営事業による収入の8％を己の利権とする慣行が背景にある。つまり8％の経済成長が達成されないと、党官僚は権益を確保できなくなるのだ。しかし、近年は当局発表の実質成長率が8％を切り、習近平政権時代の到来とともに「保八」は終わった。

これは、「おこぼれの構造」がどんどん細っていくことを意味する。新卒の学生や農村の余剰人員による工場労働者（農民工）など、新規の労働力を吸収するためにも8％成長は必要だったのだが、既存の労働者を雇い続けるのがやっとという現状では、それもできない。そうして失業者が増えれば、政府への不平不満が鬱積して社会不安につながる。民衆暴動が年間30万件も起きている背景にはこうした事情がある。

とはいえ、2013年の中国の実質GDP（国内総生産）は7％台と経済成長を続け、

グラフ3-1　中国の実質成長率と鉄道貨物輸送量

データ：CEIC

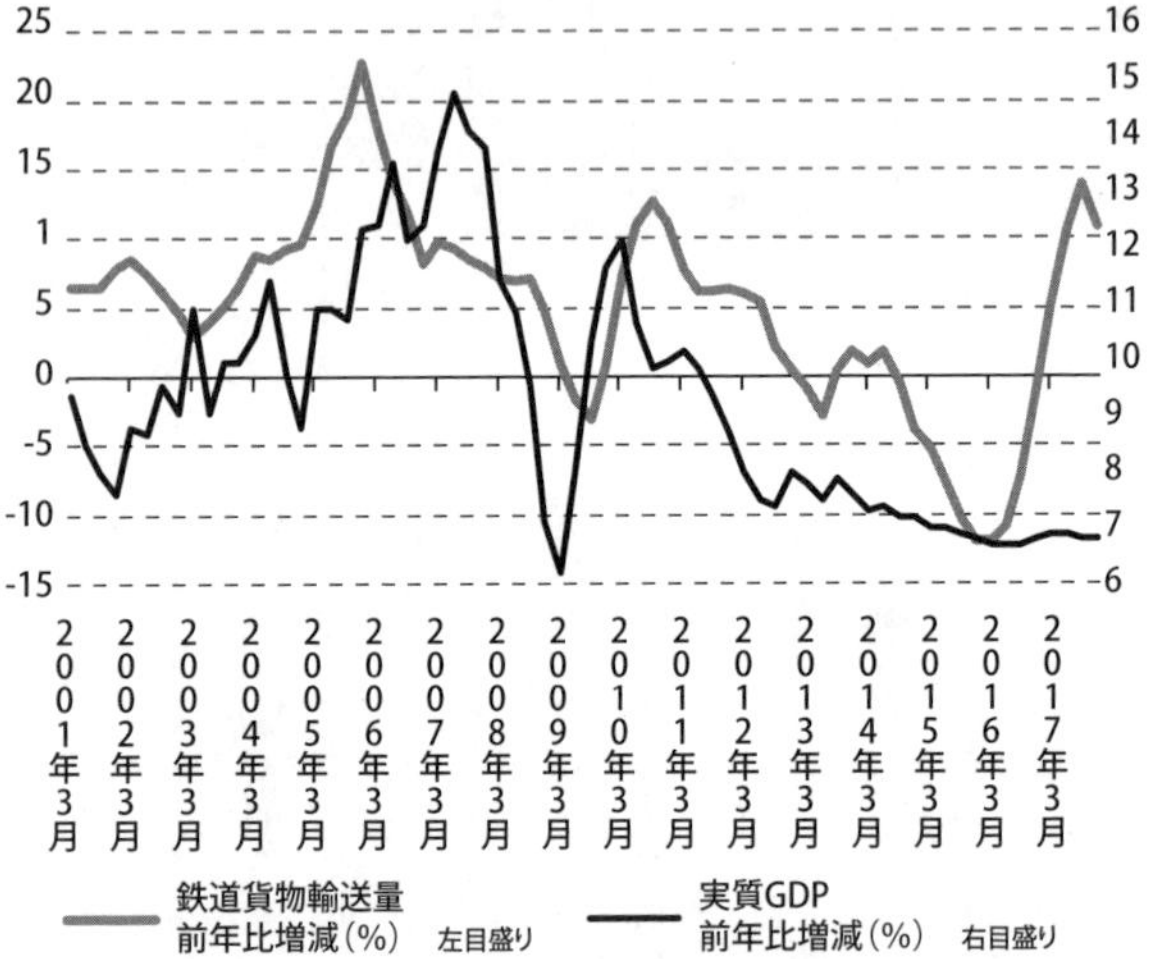

14年の7〜9月期の実質経済成長率も前年比7.3％だったと発表している。日本や欧米で実質成長率7％台なら、とんでもない高水準の好景気に沸き立っているはずなのだが、中国ではかなりの不況のようだ。いったいこれはどういうことだろうか。

じつは、中国のGDP統計が信憑性に欠けることは、ほかならぬ中国の李克強首相が認めている。李首相は、遼寧省の党書記時代だった07年当時、「GDPは人為的操作が加えられるが、鉄道貨物輸送量は運賃収入をもとに算出しているので、ごまかしがきかない」とアメリカの駐中国大使に打ち明けており、鉄道貨物輸送量と銀行融資の動向を経済統計として重視しているという。

事実、農漁業と工業部門、つまりモノの生産がGDPの5割を占める中国では、物流の動きが経済活動に大きく反映される。鉄道貨物の輸送量は、フローベースでのモノの動きを示す。たとえば工場から積み出される貨物、つまり生産サイドのレベルで出荷量が計られるわけなので、鉄道貨物輸送量の伸びを実体経済、つまり実質経済成長率と解釈することができるのだ。

グラフ3-1は、中国の実質成長率と鉄道貨物輸送量の相関を示したものだ。12年の鉄道貨物輸送量は前年比でゼロ、もしくはマイナスに落ち込んでいる。ところが中国政府が発表したGDPの実質成長率は7.7%と大幅な減少とは言えず、かなりの乖離がある。鉄道貨物輸送量がゼロなのにGDPがさほど減っていないということは、それだけ在庫が増えて、倉庫や別の敷地に積み上げられている、もしくは廃棄物としてバンバン捨てられたり、燃やされているということを推測させる。

2　中国ビジネスモデル膨張の限界

中国式ビジネスモデルの限界は、アメリカの証券取引所が、かつては積極的に認めていた中国企業の上場審査を非常に厳しくして、今はむしろ追い出しにかかっていることからもわかる。財務内容がインチキだらけという事件が多発して、投資家をだますような中国企業の上場はまかりならんということになったのだ。また、華為技術（ファーウェイ・テクノロジーズ）のような、人民解放軍とつながる企業が企業買収を仕掛けてくるようになると、さすがに理由をつけて止めさせる。こうして中国企業の国際展開は頭打ちになってきた。

さらにアメリカは、知的財産でも中国に対抗しようとしている。ＴＰＰ（環太平洋経済連携協定）のような貿易協定を環太平洋地域で進める狙いのひとつが、中国のコピー商品への対処である。当初はＷＴＯ（世界貿易機関）の枠組みで中国の知的財産侵害を問題にするつもりだったのだが、なかなか機能しないのに業を煮やしているのだ。

もはや、人民元を操作して外資を呼び込み、モノマネで製品をつくり、世界に膨張していく中国のビジネスモデル自体が、壁に突き当たりつつある。外資側とて、低賃金が魅力だったことに加えて、将来的な中国の内需も見込んでいたのに、賃金水準を上げなければならない状況になったうえに、内需もなかなか伸びないことがわかってきた。

中国は中間層の比率がそれほど高くなく、人口の５、６割が貧困階層である。彼らにまで豊かさが行き渡る前に、経済が余剰労働力と過剰生産能力を吸収できない低成長局面に突入しかねない。

それでもまだ、政府転覆につながるような暴動が起きないのは、厳重なインターネット情報統制と批判勢力を許さない徹底的な弾圧が存在するからだ。局地的にデモが起き、ネット上でも政府批判が出てきても、ただちに消去される。おおがかりな予算と人員を投じる中国のデジタル・ネットワークの監視技術と体制は世界に類を見ない。情報が広がらないので、局地的な抗議デモは全国的な広がりにはならない。フランス革命やロシア革命など、過去の革命運動はいずれも大都市で起きているが、中国の大都市住民は、そこに戸籍があるというだけで特権階級であり、共産党に対抗できるような組織もない。

共産党が一番恐れているのは宗教だ。歴史上、中国の農民暴動は、キリスト教に名を借りた太平天国をはじめ、黄巾の乱、白蓮教徒の乱など、みな宗教暴動である。「法輪功」が「邪教」として大弾圧を受けているのも、宗教団体が大衆を組織し、全土に浸透しかねないからだ。

3　バブル崩壊に揺れる砂上の楼閣

「チャイナリスク」が世界の金融市場でささやかれて久しい。チャイナリスクとは、中国特有の政治・経済・社会的要因によって、中国を対象とした投資や商取引を行なう外国企業の経済活動がさらされる危険のこと。その有力な根拠に挙げられたのが、「不動産バブル崩壊説」である。

中国の不動産相場は、2011年後半から翌年にかけて暴落、その後いったん持ち直したものの、13年秋から再び急落し始め、現在に至る。不動産価格の低迷は中国全土に広がっており、地方のいくつかの中小都市では高層マンション群がガラ空きで、ゴーストタウン（鬼城）化した。

中国四川省に生まれて07年末に日本に帰化した石平《せきへい》氏は、鋭い中国分析で知られる評論家である。日中の政治・経済・外交問題に通じ、以前から中国の不動産バブル崩壊説を唱えていた。

氏によれば、13年12月下旬時点で中国の不動産業界の中心人物が、「不動産バブルが崩壊したスペインは中国の明日だ」などと相次いで警告したという。12年にユーロ圏第4位の経済規模を持つスペインの不動産バブルが崩壊してヨーロッパのみならず世界を震撼させたが、今度は中国の番、というわけだ。

また、香港財閥の長江実業集団の総帥、李嘉誠氏は、90年代に鄧小平氏との縁で大々的に中国で不動産開発を手がけてきた人物であるが、常にリスクを考えて3年以内に投資を回収するという原則を持つ。そんな先読みで定評のある長江実業集団が、中国国内の不動産物件を13年の1年間ですべて売り抜けた。この頃、中国の政府系エコノミストのなかには、「地方の中小都市では不動産バブルの破裂がすでに始まった」との見方が出るほどだった。

ただ、単に不動産や株式などの資産相場が暴落する事態を「バブル崩壊」とみなすのは不正確である。バブル崩壊というのは、あくまでも金融の現象であり、最終的には金融破綻となって大災厄を招く。

すなわち、資産相場が継続的に下落するなかで、不動産関連融資が焦げ付き、金融機関の不良債権が膨らむ。それが対外的に明るみに出たとき恐慌となる。こうして初めてバブル崩壊となり、銀行などには預金が集まらず、金融市場での資金調達もままならなくなる。銀行は新規融資どころではなくなり、貸出金をとにかく回収しようとするのでカネが回らなくなる。そうして国全体の実体景気が急速に落ち込み、長期不況に陥る。企業も経営難で収益率が下がるので株価も急落し、回復が難しくなる……。と、これが、１９９０年代初めの日本のバブル崩壊と、その後の慢性デフレ不況の実相である。

２００８年9月のリーマンショックもバブル崩壊の典型だ。リーマンショックは、07年頃に起きたサブプライムローン問題に端を発している。サブプライムローンと呼ばれるアメリカの低所得者向けの高金利型住宅ローンが不良債権化し、そのローンに基づく金融商品も立ち行かなくなった。そうしてアメリカの大手ヘッジファンド、リーマンブラザーズの破綻が引き金になって起こったのが、リーマンショックである。

この世界的金融危機が、12年のスペイン危機にも影響した。リーマンショック直後は多くの専門家の間で「ドル凋落」予想が流れたが、実際に危機に陥ったのはドルに挑戦するはずのユーロだった。また、円は超円高に振れたために、輸出は不振でデフレ圧力にさらされた日本の国内経済の落ち込みは米欧よりもひどかった。そんなヨーロッパや日本の困惑を尻目に、リーマンショック後のアメリカは、それまでの通貨・金融政策の定石を破って、1990年代のバブル崩壊不況の日本の二の舞になるのを避けるための方策を講じた。

アメリカの中央銀行である米連邦準備制度理事会（FRB）は、まず第一段階として、大々的にドル資金を発行する量的金融緩和政策（QE）をとって、紙クズ同然になりかけた住宅ローン抵当証券を買い上げた。そうして住宅バブルの崩壊によって値下がりした住宅市場を下支えしたのだ。第二段階のQE2以降からは国債購入に重点を移して、金利を低めに維持し、QEで流された巨額のドル資金を株式市場に誘導して株価を引き上げてきた。

それればかりではない。ドルはニューヨーク・ウォール街の手で新興国株式を中心に世界中に配分される形で、ドルによる世界の金融市場支配は強化された。家計が金融資産の大半を株式で運用し、かつ、企業は株式市場からの資金調達によって設備投資するアメリカの実体経済は、株高への反応度が日本よりも数倍も高い。アメリカ経済はQEとともにじわじわと回復し、米連邦準備制度理事会（FRB）は14年10月にQEを打ち切った。

4 「理財商品」で膨張するバブル融資

では、中国の不動産バブル崩壊は、日本型大不況になるのだろうか。それともアメリカのように小康を維持できるのだろうか。日本の評論家などには、中国のバブル崩壊が中国の共産党独裁体制の崩壊危機を招くとみる向きもあるが、それはどうだろうか。

党が情報を統制し、金融市場を厳重に統制する中国の場合、金融市場不安は起こりにくい。企業や金融機関の会計制度は極めて不透明で、銀行の焦げ付き債権も当局が不良債権扱いしなければ「健全債権」となる。米欧の会計事務所などが実相を暴露すれば、中国の金融大手は国際金融市場で資金調達できなくなって、経営破綻の危機に直面するのだが、米欧の調査機関は中国でのビジネスの締め出しを恐れ、沈黙しがちだ。アメリカの金融アナリストの不良債権暴露が日本の信用恐慌の引き金を引いた1990年代半ばの日本とは大違いだ。もとより、不安定な国際金融情勢のなかで、自らの不利益を案じて、「チャイナバブル」という名のパンドラの箱のフタを開けようとはしないのだ。

では、そのパンドラの箱の中身を見てみよう。

中国人民銀行のデータによると、銀行による不動産関連融資の残高は、2018年3月

グラフ3-2　中国の不動産開発投資資金源（兆元）

データ：中国国家統計局、CEIC

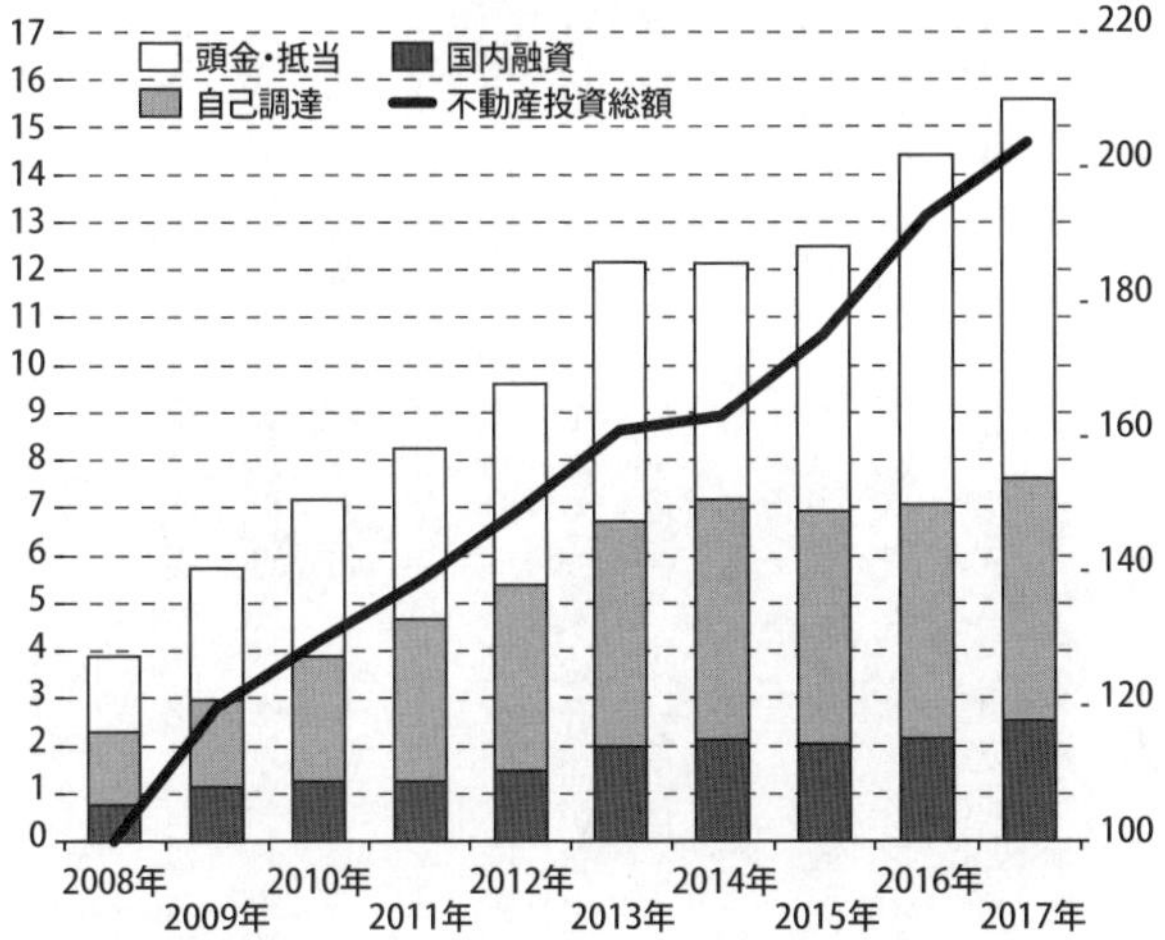

末で34・１兆元（約５７７兆円）に上る。年間の増加幅は習近平氏が党総書記に就任した２０１２年の秋以降、急激に増え、当初は日本円換算で20兆円程度だったのが17年には１００兆円規模に膨れ上がった。日本のバブル崩壊の場合、銀行の不良債権総額はバブル融資の９割の１００兆円を優に超えた。中国の場合２０１８年３月までの５年間の不動産融資増加額は21兆元（３８１兆円）で、もしバブル崩壊で新規融資の９割が不良債権になれば、19兆元（３４２兆円）が焦げ付くことになる。中国のＧＤＰ81兆元（２０１７年）の23％で、ちょうど日本のバブル

崩壊時の銀行不良債権GDP比に匹敵する。

日本のバブル崩壊とその後の20年デフレ不況を研究してきた党官僚は、日本の二の舞いを踏むまいとして、不動産相場の崩落を避けようと腐心する。下がり始めると、党指令を出して金融を緩め、不動産関連融資を増やして相場を下支えする。さらに、上海など巨大都市で不動産市場が過熱すれば、少し冷やし、そのかわり地方の不動産市場に資金を投入させて地方都市の不動産相場を押し上げる。このオペレーションが功を奏して、不動産相場の下落は最小限に抑えられ、バブル崩壊は全国規模で起きない。

もうひとつ重要なデータを国家統計局が発表している。それがグラフ3-2の不動産関連投資の資金源別投入額である。総額は17年1年間で15兆元。このうち国内銀行融資は16・1%、2.5兆元である。さらに、「自己調達額」が32%、5兆元を占める。銀行融資の2倍もの自己調達額、つまり自己資金が不動産関連に投入されているわけだ。

この自己資金の正体はどうやら、ノンバンクなどが高利回りの「理財商品」として広く預金者や投資家から資金を集めて、地方政府系の不動産開発業者に融資するシャドーバンキング（影の銀行）である。理財商品とは、主に中国で取引される高利回りの金融商品（投資信託）のこと。習近平氏が実権を掌握した2012年末から6年間の自己調達総額は

29兆元、約500兆円に上る。これほどの巨額のカネを集められるのは、理財商品以外には見当たらない。つまり、5年間で銀行融資の2倍以上のカネが、シャドーバンキングから不動産関連に出ている。

ノンバンク系といっても、銀行とは密接なつながりがある。理財商品は主に銀行の窓口で販売されるし、その半分以上は銀行の返済保証付きである。しかもこのノンバンクの企業は銀行からの迂回融資を受けている。

ともかく、不動産向けに融資した理財商品が焦げ付いた場合、銀行は数百兆円の保証履行を迫られる。となると、不動産バブルが崩壊すれば、銀行の潜在的な不良債権総額は中国の名目GDP（国内総生産）の3割以上に達し、中国の金融システムを根幹から揺るがすだろう。それを恐れているからこそ、金融機関の帳簿は不良債権を極めて過小に見積もると同時に、党中央は中国人民銀行に命じて人民元を大量発行させ、国有商業銀行を通じて不動産融資を拡張させて、不動産相場を安定させる。

5　借金主導モデルに転換

現代経済の変動には「借金の法則」がある。民間の借金が多ければ多いほど景気が良くなるのである。かと思えば、借金できなくなった途端に大不況に陥る。つまり、現代世界の経済成長は借金が原動力になっており、その典型がアメリカと中国である。

アメリカの消費者は、２０００年代前半だけで年間約４００兆円以上も金融機関から借り入れては消費にふけった。そうやって自国の経済を押し上げると同時に、中国をはじめとする新興国や日本などに対米輸出ブームをもたらし、世界の景気を押し上げた。しかし、住宅価格の値上がり予想の上に成り立っていた借金主導型成長モデルは、住宅相場が下落基調に転じると、一挙に崩壊してしまった。それがサブプライムローン問題であり、その影響によるリーマンショックである。

08年9月のリーマンショック以降、米連邦準備制度理事会（ＦＲＢ）は6年間で４００兆円近くものドル資金を発行してウォールストリートに流し込み、住宅抵当証券相場と株価の維持、押し上げに努めてきたが、メーンストリート（主力産業界）の回復の足取りは弱々しい。その原因ははっきりしている。金融資産の価値が上がっても、カネは金融市場をぐるぐる回るだけで、実体経済、つまりモノやサービスの需要を構成する個人消費や企業の設備投資にカネが回るとは限らないからだ。2017年に大規模なインフラ投資と大型減税を公約にしたトランプ政権が発足すると、株価は急上昇し、実体景気も力強く回復するようになったが、それは政府が国債発行などで金融市場から資金を吸い上げ、財政支出を増やすことで、実体経済に直接カネが流れ、需要が喚起される期待が生まれるからだ。減税は政府の財政収入を減らして債務を増やすが、民間の所得を実質的に増やすことで需要を刺激するので、国債発行と同じく実体経済を回復させる。すなわち、民間が金融市場にカネをとどめる景気停滞局面では、政府が民間から借金して財政支出を増やすか、あるいは減税によって消費者や企業の消費や投資を刺激することが、理に適っている。

ひるがえって日本はというと、20年間ものデフレで所得が減り続け、家計や企業は消費や設備投資どころではなかった。需要が細り続けるデフレ経済では、企業は借金を減らすことに努め、収益は増えても、内部留保としてため込むだけで、賃上げ、雇用増や新規設備投資にカネを振り向けない。12年末に発足した第2次安倍晋三政権は当初、異次元の金融緩和と公共投資など財政支出の拡大を柱とするアベノミクスによって景気を大いに刺激したが、14年度には一転して消費税率を5％から8％にアップすると同時に公共投資を大幅削減し、緊縮財政路線に回帰した。するとたちまち、人々の消費マインドが再び冷え込んでしまった。日本の20年デフレは1997年度の橋本龍太郎政権による消費税増税と緊縮財政が端緒になったが、安倍政権はその愚を繰り返した。安倍首相は誤りに気付き、消費税率の10％への引き上げ予定を二度にわたって延期したが、政府債務財政支出の拡大には躊躇している。景気は円安と輸出頼みだが、国内需要は停滞が続く。

中国はどうなのか。共産党が市場経済をコントロールする中国の経済モデルは、アメリカとはまったく異質に見えるが、借金主導という点ではアメリカと同じである。アメリカと中国とでは借金の担い手は異なるものの、それを可能にする仕掛けは共通している。不動産相場である。

アメリカの場合は、住宅相場の値上がり分を担保に、アメリカの消費者は金融機関から借り入れた。中国の場合は、不動産デベロッパーや地方政府の受け皿が不動産相場の値上がり益を先取りして、年利回り10％前後の理財商品を銀行経由で販売して資金を調達してきた。リーマンショック後の中国は、デベロッパーや地方政府が借金しては不動産投資にいそしみ、投資主導型で高度成長を維持してきた。

中国経済は土地代を除く上物、つまりインフラ、住宅、オフィスビルなどの建物や工場設備などの建設である「固定資産投資」で支えられている。固定資産投資のGDP比率は2000年代初めで35%だった。3割台の固定資産投資比率は1960年代の日本の高度成長期や韓国などアジアの一部でごく限られた期間にみられたが、中国は2008年9月のリーマンショックのあとに大幅に上昇させた。09年から14年まで45%水準を続けたあと、17年は42%と依然として高水準である。中国の場合、党中央の指令で銀行が融資し、国有企業や地方政府がそのカネで固定資産投資するので、容易に固定資産投資を一挙に拡大できる。

その対GDP比率が45%とすると、固定資産投資を前年比で22%増やすと、GDPは10%伸びる。中国がリーマン後、世界で最も速く景気回復し、しかも2桁台の成長に回帰した秘密は固定資産投資増による（**グラフ3-3**）。

リーマンショック後の固定資産投資はインフラ整備に重点が置かれたが、習近平政権になった2013年以降は不動産開発が主役になった。不動産開発投資が全固定資産投資に占める比率は09年で36%だったが、16年は45%台に上昇した。習政権の経済成長実現の決め手は不動産開発投資なのである。

こうした固定資産投資、不動産開発主導の経済は債務を膨張させずにはおかない。不

グラフ3-3　不動産投資、固定資産投資及びGDPの伸び率と固定資産投資比率（%）

データ：CEIC

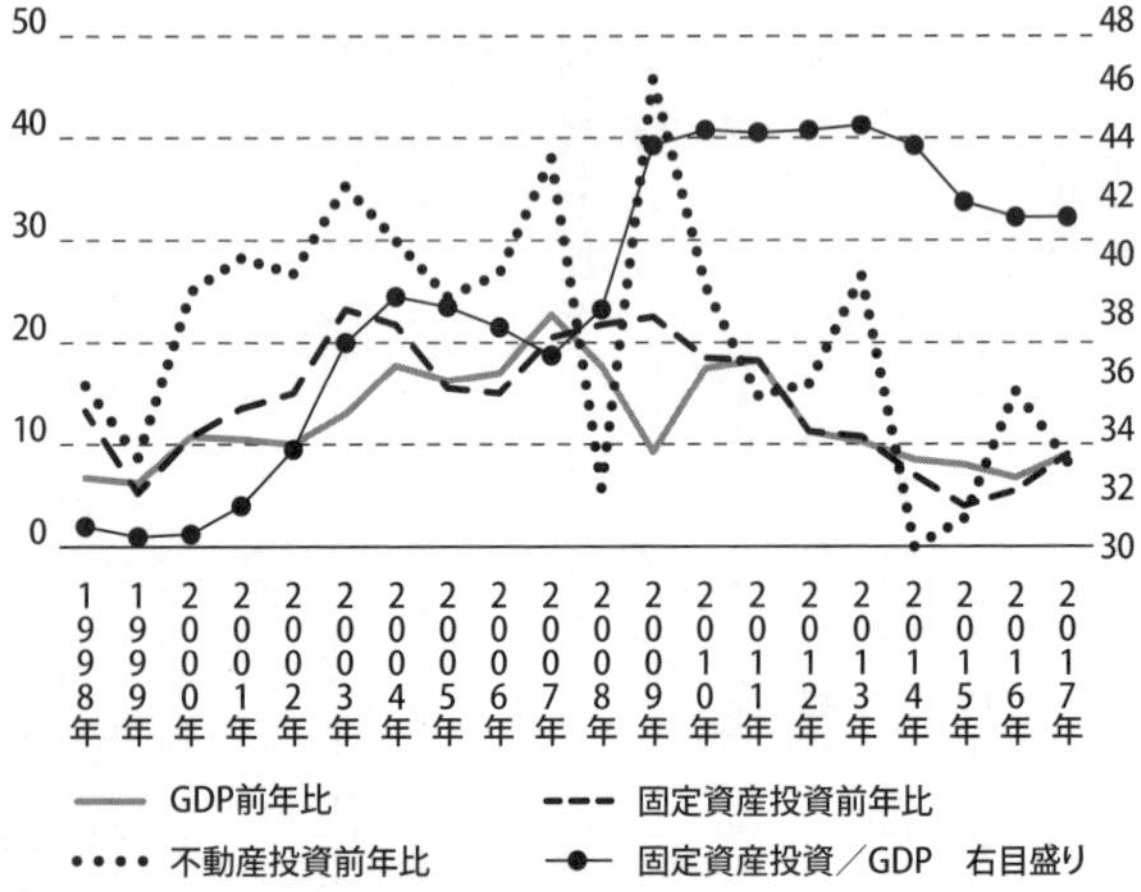

動産開発は投資回収期間が長いので長期債務を伴う。国際決済銀行（ＢＩＳ）統計によれば、中国の非金融部門債務は２０１０年以降、膨張を続け、２０１６年にはＧＤＰの2.5倍を超えた。前述したように、借金なくして経済成長しないのは米国も同じだが、米国の場合ＧＤＰを１増やすのにＧＤＰ増加分の２～３倍の借金を伴う。中国の場合、リーマン前まではその倍数は２前後だったが、14年以降は４～５倍であり、債務が生み出す所得は半減している。２０１５年頃までは中国経済を楽観視してきたＩＭＦ（国際通貨基金）や米欧のアナリストたちは、17年になると中国の異常なまでの債務依

存型成長に警鐘を鳴らすようになった。債務増は不動産開発関連が主となっていることからすれば、不動産市場の崩落は中国経済危機を招き、経済成長によって支えられてきた党独裁体制を揺るがすだろう。

6　熱銭と不動産バブル

２００８年9月のリーマンショックを受けて輸出が打撃を受けると、当時の胡錦濤政権は翌年1月から、融資をそれまでの3倍に一挙に増やすよう国有商業銀行に指令した。こうして人民元が膨張し、不動産ブームの原動力になった。習近平政権になると不動産の過剰在庫が顕在化したが、上記の通り、金融を通じて不動産市場を押し上げている。

国有企業はこぞって不動産投資や開発に手を染め、銀行自身も不動産に投融資した。地方の党幹部は不動産開発の受け皿会社を相次いでつくり、農地を潰して高層ビル群を建設した。上海など大都市郊外はもちろん、住宅需要の少ない内陸部でも高層住宅建設ラッシュが起きた。それが今はゴーストタウン（鬼城）化しているわけだが、貸し手の金融機関は不良債権として計上しない。可処分所得の半分近くを貯蓄に回している中間層以上の個人も、政府の不動産相場維持政策をみて、2件目、3件目のマンション購入に走るというありさまだ。

不動産市場の過熱時には、党幹部は一時期だけ不動産開発や不動産融資にブレーキをかける。頭金の比率を上げるなど、住宅ローンの条件を厳しくする。その結果、不動産投資は抑制され、不動産販売も落ち込む。デベロッパーは「新築」を保つために工事を遅らせて完成時期をずらす。

投資家のほうはしかし、不動産の値上がりを信じるので、絶対に投げ売りをしない。上海在住の知人は、2015年当時、3件目の高級マンションに投資したが借り手がおらず1年以上空室のまま放置しても平気だった。実際に、不動産相場は金融緩和によって回復する。中間層でも、親類縁者からカネを集めて頭金を確保し、ローンを借りる。そうした債務を抱えながら物件を遊ばせている。こうして不動産が売れなくても、相場が下落しても、値崩れは避けられるというのが、上海などの不動産市場の特徴だ。

ともあれ、中国は、このような固定資産投資主導によって、世界でいち早くリーマンショック不況を乗り切り、習近平政権になっても不動産開発投資主導で、経済成長率7％

前後を維持しようとする。だが、その成功プロセスは、不透明な巨大な額のカネのやりとりを伴い、汚職腐敗をはびこらせる。

党の利権官僚によって不正蓄財される資金は、香港経由などで海外にいったん移された後、中国本土に還流して投資される。その売買益は再び海外に流され、今度は「外資」を装って還流するというように循環する。いわゆる熱銭で、その多くは不動産や高利回りの理財商品に投資され、バブルを膨らませてきた。それが外に逃避すると、不動産や金融商品バブルが崩壊することになる。

外為規制の網をくぐって不動産市場などに流出入する海外の投機資金である熱銭の総額を正確に算出することは不可能だが、大まかな金額は算出できる。中国で、海外との間で合法的に出入りできる資金は、（1）貿易収支の黒字または赤字分、（2）中国からの対外投資に伴う利子・配当収入から外国企業の対中投資の利子・配当収入を差し引いた所得収支、（3）直接投資など資産と負債の3つである。だから、これら統計に表われる資金の純増加額から、外貨準備増加額を差し引いた額を、非合法な資本の流れとみなすことができよう。

グラフ3-4は習近平氏が党総書記に就任して実権を握った2012年後半からの熱銭

グラフ3-4　中国の熱銭流出入と不動産開発投資

データ：CEIC

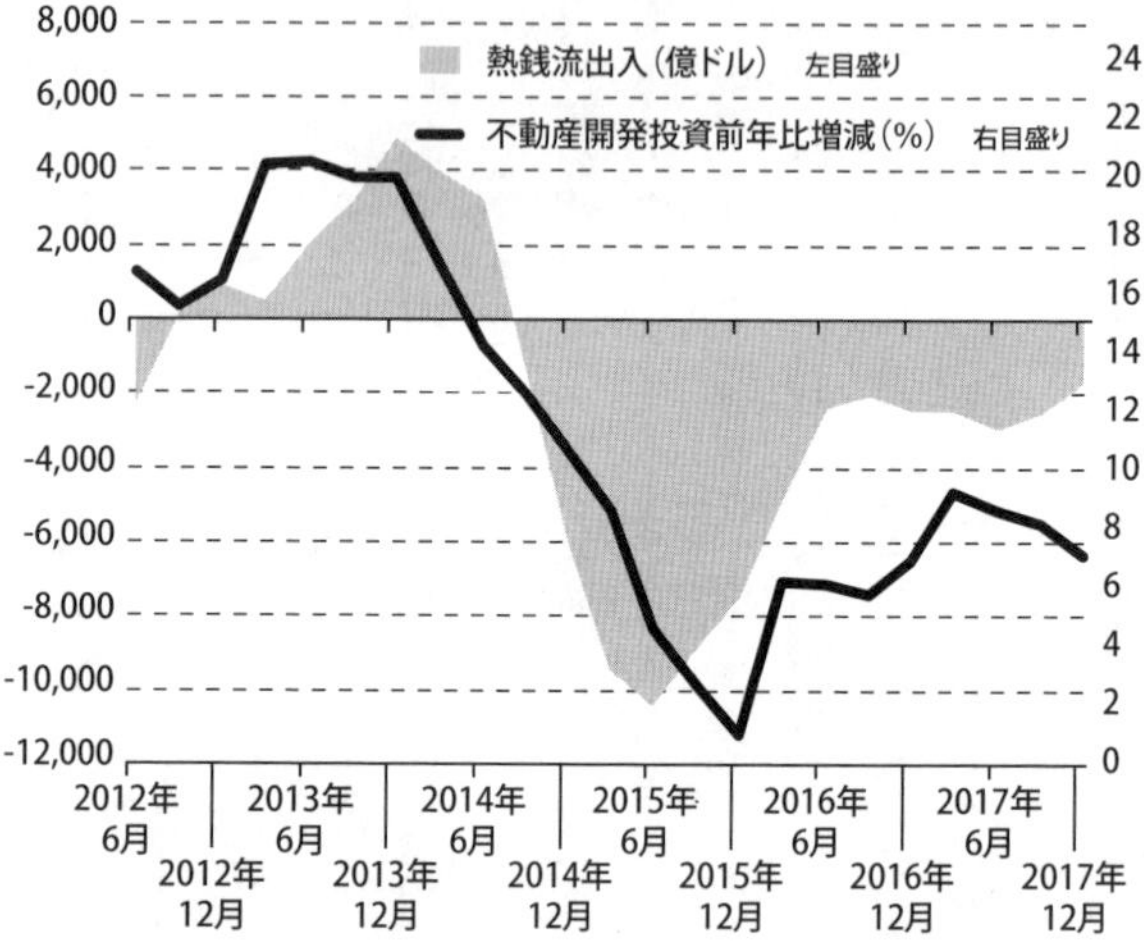

と不動産開発投資の伸び率を対比させている。総じて熱銭が流入しているときは不動産投資が活発で、熱銭が流出するようになると、不動産投資が低調になることが読み取れる。

投機資金もそれと連動した動きになっており、13年には資金の流入が年ベースで4000億ドルを超えたが、14年からは熱銭の流出が激しくなり、ピーク時には1兆ドルの資本逃避が起きた。その後、習政権は汚職高官の摘発や金融市場の監視強化などによって資金流出を抑えたが、それでも年間2000億ドル規模の資本逃避が続いている。

第4章　「一帯一路」は死のロード

1　シルクロードではなく、死のロード

日本国内では習近平国家主席・共産党総書記が推進するユーラシア経済圏構想「一帯一路」への参加論議が再燃している。中国側も盛んに甘い声で誘ってくるが、ちょっと待てよ。その正体は「死のロード」ではないのか。

一帯一路は２０１４年11月に習氏が提唱した。ユーラシア大陸、アジア、東アフリカ、中東、欧州の陸海のインフラ・ルートを整備し、北京など中国の主要都市と結ぶ壮大な計画だ。中国主導で現地のプロジェクトを推進する。資金面でも中国が中心となった国際金融機関「アジアインフラ投資銀行（ＡＩＩＢ）」を北京に15年12月に設立済みだ。

一帯一路とＡＩＩＢにはアジア、中東、ロシアを含む欧州などの多くの国が参加しているが、先進国のうち日本と米国は慎重姿勢で臨んできた。一帯一路・ＡＩＩＢについて「バスに乗り遅れるな」とばかり、産業界、与党や日本経済新聞や朝日新聞などメディアの多くが積極参加を安倍晋三政権に求めてきた。安倍首相もＡＩＩＢには懐疑的だが、２０１７年には一転して、一帯一路については「大いに協力する」と表明するようになった。自民党の二階俊博幹事長は17年12月、中国で開かれた自民、公明両党と中国共産党の

グラフ4-1　中国の「一帯一路」プロジェクト（億ドル／年）
データ：CEIC

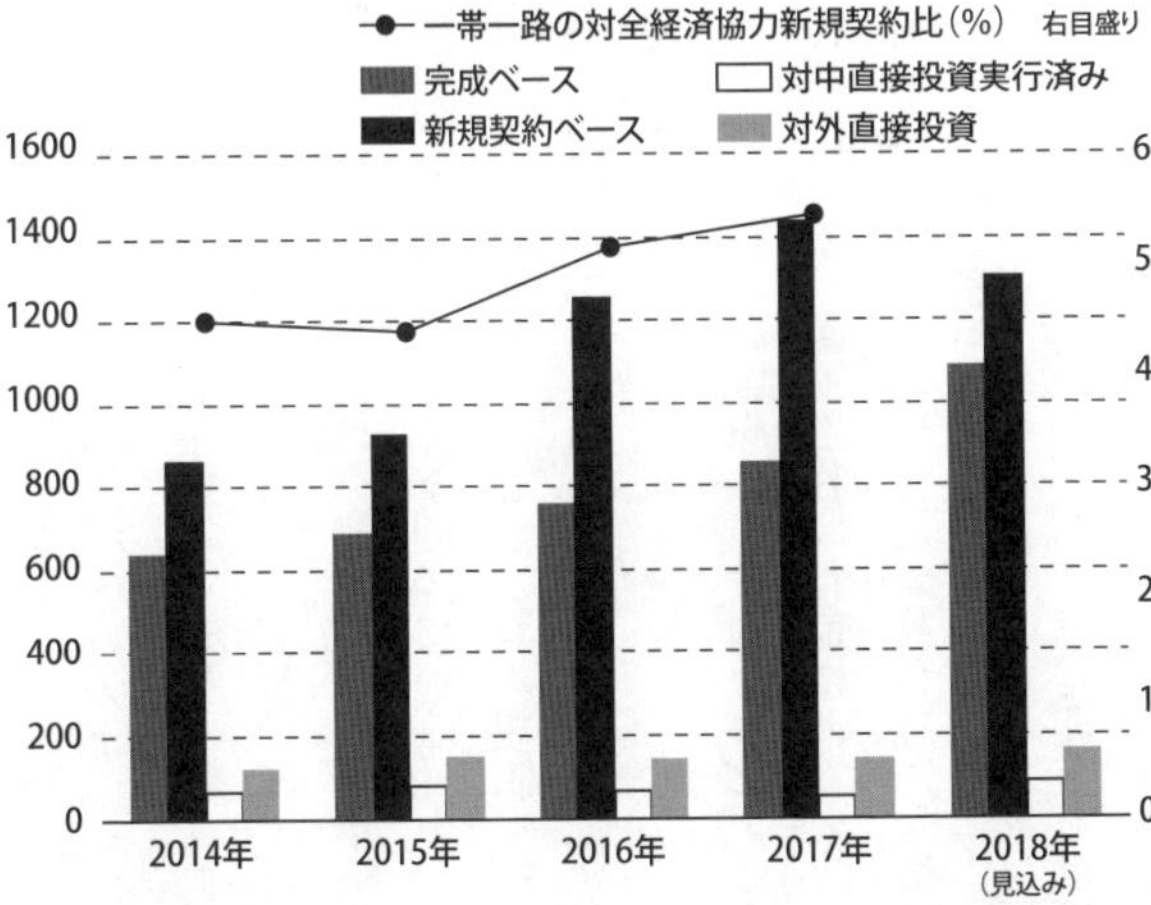

定期対話「日中与党交流協議会」で、一帯一路での日中の具体的な協力策を話し合った。一帯一路、ＡＩＩＢへの参加問題は日中平和条約40周年記念を迎える２０１８年の大きな対中外交テーマに仕立てた。一帯一路やＡＩＩＢが中国共産党主導の粗暴な対外膨張主義の一環である恐るべき現実を、親中派の多い政財界やメディアは直視しようとしない。

一帯一路の現状をまずは見てみよう。**グラフグラフ4-1**は一帯一路沿線地域・国向けの中国政府主導のプロジェクトの実施、契約状況と国有企業などによる直接投資の推移（いずれも当該月までの12カ月合計値）である。新規契約は順調に拡大し、中国の対外経済協力プロジェクトの約5割を占めるようになり、習政権の意気込みぶりを反映している。ところが、プロジェクトの実行を示す完成ベースの伸びは鈍い。中国企業による一帯一路沿線への進出を示す直接投資となると、水準、伸び率とも極めて低調だ。習氏の大号令も空しく、実行部隊である国有企業は投資を大幅に減らしていることが読み取れる。背景には、北京による資本流出規制がある。中国は3.1兆ドル超と世界最大だが、対外負債を大きく下回っている。中国の不動産バブル崩壊不安や米金利上昇などの巨大な資本流出が起きかねず、資本規制を緩めると外準が底を尽きかねない。中国企業による対外投資はこうして制約を受けている。同じ理由から、政府ベースでのプロジェクト実行ベースも遅くなる。

他方、一帯一路の「金庫」の役割を果たすはずのＡＩＩＢは外貨調達難のために半ば開店休業状態にある。ＡＩＩＢは北京による米欧の金融市場への工作が功を奏して、アジア開発銀行並みの最上位の信用度（格付け）を取り付けたが、ＡＩＩＢが発行する債券を買う海外の投資家は稀のようだ。

そんな背景から、習政権としては是非とも世界最大の対外金貸し国日本の一帯一路、さらにＡＩＩＢへの参加が欲しい。資金を確保して新規契約プロジェクトを実行しやすくするためだ。その見返りに一部のプロジェクトを日中共同で、というわけだが、だまされてはいけない。

中国主導の道は死屍累々である。習氏は産油国ベネズエラへの経済協力プロジェクトを急増させたが、二桁台のマイナス経済成長に苦しんでいる。同国の経済崩壊の主因は国内政治の混乱によるのだが、ずさんな中国の投資が政治腐敗と結びついた。中国投資が集中したスーダンもアフリカのジンバブエも内乱や政情不安続きだ。中国と国境を接している東南アジアは今、中国化が急速に進んでいる。ラオスやミャンマーでは中国国境の地域ごと中国資本が長期占有してつくったカジノリゾートがゴーストタウンになるなど、荒廃ぶりが目立つ。中国が輸出攻勢をかけるカンボジアは債務の累積に苦しみ、中国からの無秩序な投資に頼らざるをえなくなっている。

ティラーソン米国務長官は10月、「中国の融資を受ける国々の多くは膨大な債務を背負わされる。融資の仕組みも、些細なことで債務不履行に陥るようにできている」と警告した。麻生太郎財務相も11月、ＡＩＩＢを「サラ金」に見立てた。一帯一路やＡＩＩＢへの参加は泥舟に乗るようなものなのだ。

2　正体はアジアインフラ偽装銀行

中国主導のアジアインフラ投資銀行（Ａｓｉａ　Ｉｎｆｒａｓｔｒｕｃｔｕｒｅ　Ｉｎｖｅｓｔｍｅｎｔ　Ｂａｎｋ，ＡＩＩＢ）の正体はアジアインフラ模倣（Ｉｍｉｔａｔｉｏｎ）銀行であり、看板だけの偽装銀行である。北京は加盟国・地域数でアジア開発銀行（ＡＤＢ）を上回ると喧伝するのだが、自力でドル資金を調達、融資できず、ＡＤＢや世界銀行のプロジェクトの背に乗って銀行を装っている。元締・中国の外貨準備は減り続け、対外借金がなければ底をつく。ドル本位のＡＩＩＢに限界を見て取った習近平政権はユーラシアのインフラ整備構想「一帯一路」の決済通貨を人民元にしようともくろむ。

韓国・済州島で２０１７年６月に開かれたＡＩＩＢ第２回年次総会。会場では韓国企業などが最先端の情報技術（ＩＴ）インフラ設備の売り込みを競ったが、各国代表は素通りだ。ＡＩＩＢ目当てでは「とらぬたぬきの皮算用」同然。プロジェクト発注にはカネがかかるのに、ＡＩＩＢはその資金を国際金融市場でドルの市場金利にプレミアム金利を上乗せして調達するしかない。ＡＩＩＢの国際信用の源泉は元締・中国の外貨準備で、残高は３兆ドル余りだが、帳簿上だけだ。海外からの対中投資や融資は中国にとって負債だが、当局

グラフ4-2 対外負債で支えられる中国の外貨準備

データ：CEIC

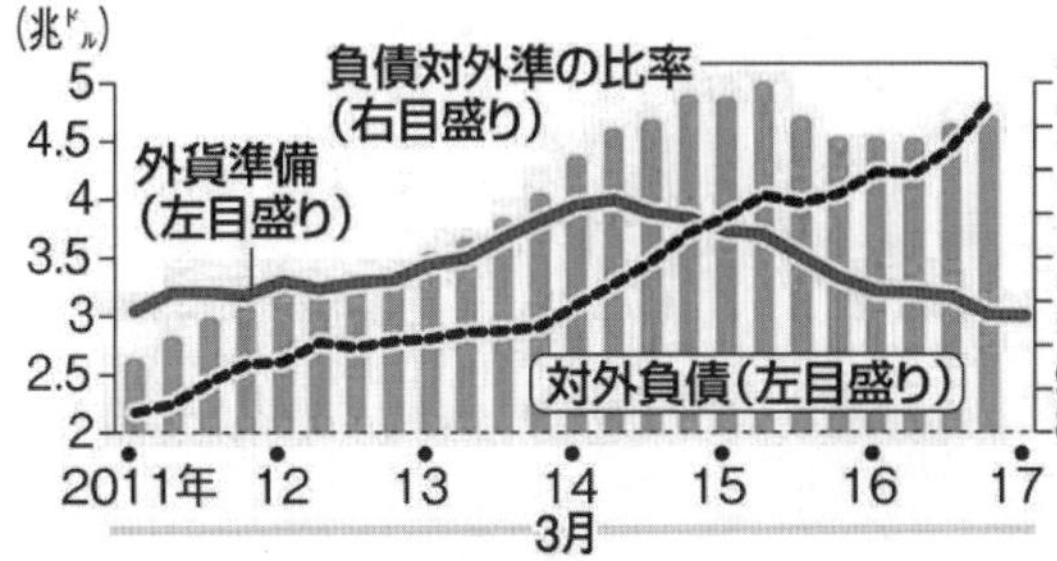

はその外貨を強制的に買い上げて、貿易黒字分と合わせて外準に組み込む。外貨の大半が民間の手元にある日本など先進国とは仕組みが違う。

グラフ4-2を見よう。外準は3年前をピークに急減している。対照的に負債は急増し、16年末には外準の1.5倍以上だ。外国の投資家や企業が中国から資金を一斉に引き揚げると、外準は底をつくだろう。

中国外準を見せ金にして開業したＡＩＩＢには世界最大の債権国日本とドルの本家米国が参加を見送った。当然のように国際金融市場はそっぽを向く。米欧の信用格付け機関はＡＩＩＢの格付けを当初拒否したので、ＡＩＩＢはドル建て債券発行ができなかった。済州島総会のあとの6月末、ようやくアジア開発銀行並みの最上位の格付けを米格付け機関からもらったのだが、市場の反応は弱く、大幅に金利を上乗せしないと投資家を引きつけられない。

ＡＩＩＢはやむなくＡＤＢや世銀との協調融資で当座をしのぐ。17年末時点の総資産189億ドルで資産のうち貸し出しは7億7000万ドルにすぎない。加盟国の多くは割にあわないことを恐れ、当初約束した出資金の払い込みを渋り、授権資本金１千億ドル（約11兆１千億円）に対し、払い込まれたのはわずかに79億ドル余りにすぎない。

習近平国家主席は17年５月中旬、北京で開いた一帯一路の国際会議で、人民元資金、7800億元（約12兆８千億円）をインフラ整備用にポンと出すと表明した。国際通貨としての信用力が貧弱な人民元でも不自由しない企業は中国の国有企業に限られるので、韓国や欧米企業は受注で二の足を踏む。そして中国から大勢の中国人労働者を派遣し、現地雇用はほとんどない。さらに、中国人のための飲食店や商店が進出し、新チャイナタウンが出現する。すべてカネは人民元で決裁される。

借り手国は人民元の返済原資確保のために、対中貿易に縛りつけられるのだが、対中輸出は増えずに輸入だけが増え、対中債務がかさむ。習政権はそして、中国が債権者となって港湾などのプロジェクトを差し押さえ、中国の支配下に置く。習近平政権による中国共産党のためのプロジェクトを周辺国に押し付け、占拠し、強奪する。

3 一帯一路に協力するアジア開銀の欺瞞

習近平党総書記・国家主席が唱道する「一帯一路」構想は中国の膨張戦略を代表する。

2017年5月14、15の両日、「一帯一路サミット」と称する国際会議が北京で開かれた。一帯一路とは欧州、中東、アフリカ、中央アジア、東南アジアを陸と海のインフラで結びつける経済圏構想だ。インフラは軍事転用可能で、南シナ海への海洋進出と同じく、軍事面での膨張策とも見える。北京で2016年初めに開業したアジアインフラ投資銀行（AIIB）はその先兵だ。

会議では習氏が合計7800億元（約12兆8千億円）のインフラ整備資金を追加拠出すると表明した。同構想の推進を自身の権力基盤固めの手段にしているだけに、習氏はロシアのプーチン大統領らの出席者に気前のよいところをみせた、というところだろうが、ちょっと待て。そんなカネをどう捻出するのか。

通常、海外向け投融資はドル建てで行われる。プロジェクトを実行する国も受注企業もドルを選ぶからだ。7800億元はドル換算で約1100億ドル相当だ。中国の外貨準備は3兆ドル、世界一の規模であり、その一部を充当できるから問題ない、と見る向きもあるだろうが、外準は無きに等しい。中国の外準は対外負債4.6兆ドル、すなわち外からの借金によって支えられている。最近はかなり落ち着いてきたが、中国はことし初めまで巨額の資本逃避に悩まされ、外準は急減してきた。習政権は資金流出を食い止めようとして、企業や個人の外貨持ち出しを厳しくチェックしている。習氏が外貨を大盤振る舞いできるはずはない。

そこで、追加資金の内訳をよくみると、大半は人民元である。インフラ投資基金を1000億元増額、政策投融資機関である中国国家開発銀行と中国輸出入銀行が合計3800億元を融資、大手国有銀行が人民元建ての3000億元規模の基金を設立するという。何のことはない。党が支配する中国人民銀行が人民元を刷って、国有銀行が融資すればよいだけだ。

この手口は本来、国内向けに限られてきた。2008年9月のリーマンショック後、党中央は人民銀行に命じて人民元を大増刷させ、国有銀行には融資を一挙に3倍程度まで増やさせた。その結果、国内のインフラや不動産開発投資が活発化して、世界でもいち早く不況から立ち直り、高度成長軌道に復帰した。同じ手を今度は「一帯一路」沿線国・地域に使おうという魂胆だ。

ではだれがそんな資金を受けとるのか。上記の通り、外国企業は「ドルでよこせ」と要求するだろうが、中国企業なら人民元で構わない。国内総生産（GDP）を見ても、融資を受ける国の経済力は弱く、人民元でなくてもカネは欲しい。人民元建て債務返済に縛られる政治的代償を払う羽目になる。

「一帯一路」とは習近平の党による党と中国企業のためのプロジェクト、ビジネスモデルなのである。

それでも欲に目のくらんだ欧米企業は数多い。欧米メディアによれば、米国のゼネラル・エレクトリック(GE)、ハネウエルやドイツのシーメンスなどは主契約者が中国企業でも、その下請けで受注できると踏んでいるという。

解せないのは、そんな習近平の野望に手を貸しているのは、日本の財務官僚OBが仕切るアジア開発銀行（ADB）である。そのストーリーは以下の通りである。

借金王Cが突如、借入先のA銀行とそっくり同じビジネスモデルのI銀行をつくった。「当銀行は資金不足でお悩みのみなさんの需要に応じます。A銀行よりも有利な条件で貸しますよ」と。A銀行は「Cさん、それならあなたに貸したカネをそっくり返済してください」と要求するかと思いきや、「Cさん、あなた自身もおカネに困っているからI銀行をつくるのですね。わかりました。もっと貸してあげますよ」と返事した。それればかりか、信用力も審査能力もなく、看板のうえで閑古鳥が巣くうI銀行に、「それじゃ私たちのお客さん相手に、協調して貸し出しましょう」と救いの手。I銀行の頭取はこうして、大ボスのCに対し、「早くもこれだけの成果を挙げました」と報告し、Cを大いに喜ばせた。

こんなお人よし銀行が実在する。ドラマの一幕が17年5月4日、横浜市の「パシフィコ横浜」で演じられた。第50回アジア開発銀行（ADB）年次総会である。

もうおわかりだろう。A銀行とはADB、Cとは中国の習近平国家主席、I銀行とはアジアインフラ投資銀行（AIIB）のことで、横浜でもっとも尊大に振る舞い、大々的に自己宣伝したのは中国代表の肖捷財政相である。肖氏はAIIBを先兵とする中華経済圏構想「一帯一路」推進のための関係国首脳会議（14日、北京）への参加を日米などADBメンバーに強く求めた。

とは言え、AIIBには上述した通り、カネは欲しいが出したくない国ばかりが集まる。世界最大の貸し手である日本と、国際金融市場の元締めである米国が参加していないために、信用格付け機関がそっぽを向くので、市場で債券発行できない。そこで習政権は最近、もっぱら猫なで声で、「一帯一路は参加国みんなの繁栄のためで、中国のワンマンショーではありません」と呼びかける。4月7日の米中首脳会談では、習国家主席がトランプ大統領に参加を促し、日本に対しては親中派の二階俊博自民党幹事長に働きかけると同時に、世耕弘成経済産業相に一帯一路会議招待状を送付した。中華経済圏でのインフラ受注の利権をちらつかせて日米をおびき寄せる魂胆だ。世界から集めたカネで中国周辺のインフラ建設を進め、中国国有企業が受注するという実態が丸見えで、この3年余りの一帯一路プロジェクト1600件以上に47社の国有企業が関与している。

3兆ドル規模の世界最大の外貨準備を保有しているから、中国の資金力に不安はないと見る向きもあるが、その外準なるものは4.6兆ドルの対外負債、即ち借金に支えられる虚構に過ぎない。しかも、中国からの資本逃避は2016年で7000億ドル以上に上った。

習政権が強気でいられるのは、親中派財務官僚上がりの中尾武彦ADB総裁の対中融和姿勢のおかげだ。ADBの融資先では中国が最大で、AIIB設立後も借り入れは膨らんでいる。

中尾氏はAIIBの設立を支持し、上記のように融資業務でも協調してきたが、その言い分は、アジアでは膨大なインフラ資金需要があり、ADB単独ではまかない切れない、というものだ。それは官僚のへ理屈であり、理想も信念もあったものではない。まず、インフラ資金需要が膨大だから、ＡＩＩＢというＡＤＢの擬似機関を創設するというなら、ＡＤＢは中国に対し、ＡＤＢからの融資の全額返済を求めるというのがスジというものだ。ところが、ＡＤＢは対中国向け融資を２０１６年末、前年末比で10億ドル増やしている。中国はインド、インドネシア、フィリピン、パキスタンなど資金需要の旺盛なアジア諸国を上回る最大のＡＤＢ資金借り入れ国であり、その額も膨らんでいる。（グラフ4-3）

筆者はＡＩＩＢ構想が持ち上がった２０１４年当時、中尾氏にＡＤＢは中国に返済させるべきではないか、とただしたが、中尾氏の返事は「借り入れ側が銀行をつくるのは問題ない」と、木で鼻をくくったような返事であきれたことがある。国家戦略そのものの銀行を、ビジネス上の都合次第で協調し合う民間の商業銀行同士の関係と混同している。

中尾氏が引き合いに出した、アジアのインフラ資金需要というアジア開発銀行研究所の試算なるものも、およそ金融の常識からかけはなれた無責任極まる官僚式積み上げである。アジアの資金需要は、２００９年時点の試算で8兆ドルに上る。17年3月には総額26兆ドル、毎年の新規資金需要は1.7兆ドルに上ると大きくかさ上げしたが、実需とはかけ離れた誇大妄想値に近い。アジア各国がインフラ整備したくても、実行は返済条件次第だ。そもそも発展途上国全体の国際市場での長期資金調達、即ち証券発行は残高でみても2兆ドル

グラフ4-3　アジア開発銀行の主要国別融資残高（億ドル）

データ：アジア開発銀行2016年金融報告

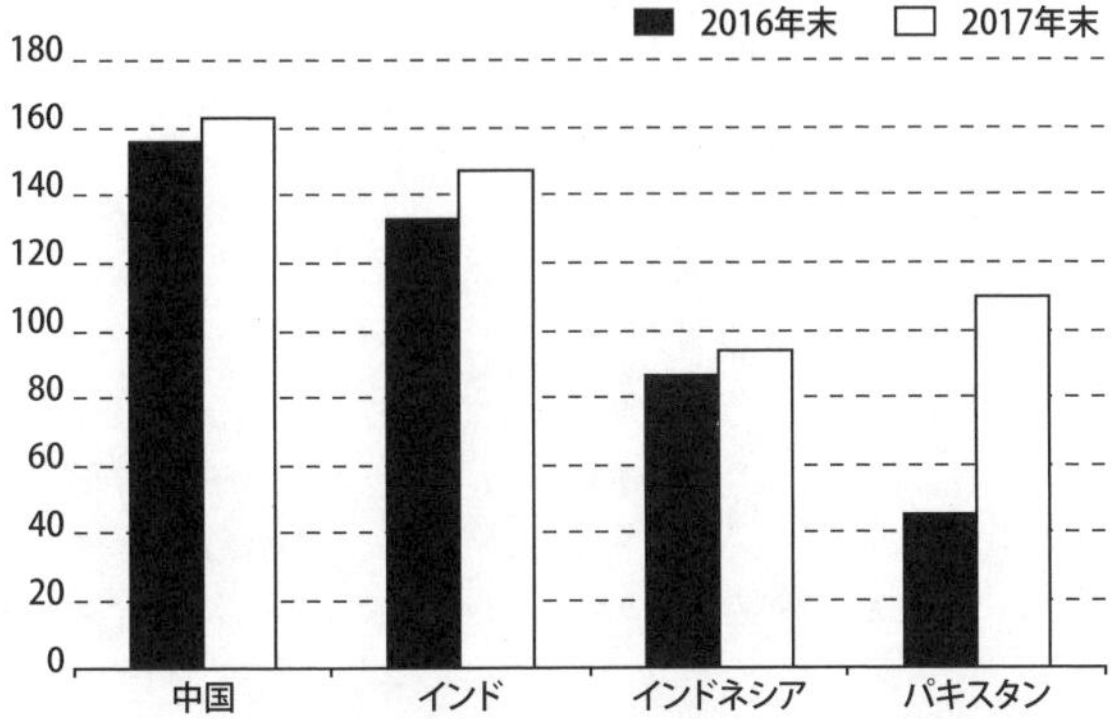

程度である。それに近い規模の資金需要に国際金融市場が応じられるはずはない。

ＡＤＢが日本の資金などを使って整備を進めたメコン川流域には中国人と中国企業が進出し、環境は破壊され、下流域は洪水に見舞われている。ＡＤＢはＡＩＩＢと組んでこうした災厄を広げて行く恐れが十分ある。

安倍晋三政権は親中派の事なかれ主義官僚を厳しくチェックし、トランプ政権とはしっかりと安全保障上の視点を共有すべきだ。

第5章　米中貿易戦争

１　１００年戦争の号砲が鳴った

米中通商摩擦を通じてあらわになってきたのは、中国の対外膨張主義の阻止をもくろむ覇権国米国という構図である。習近平政権に対するトランプ政権の対米貿易黒字２０００億ドル削減要求の真相は米中「１００年戦争」の号砲だ。

米中間の通商協議はまず、２０１８年5月初旬に北京で開かれ、米側は18年6月1日から12カ月の間に対米貿易黒字を１０００億ドル、19年6月1日から12カ月の間にさらに１０００億ドルを削減するよう求めた。そのほか、知的財産権侵害やハイテク技術供与の中止などを中国側に迫った。5月17、18日のワシントンでの2回目の協議のあと、中国側は黒字削減目標を全面拒否したが、農産物やエネルギーなどの輸入拡大を表明した。米側はとりあえず対中制裁関税の適用を棚上げし、とりあえず、米中は「休戦」した。

そんな展開をみれば、「１００年戦争」とは大げさとも受け取られるかもしれないが、まずは中国の国際収支と米中貿易収支に関する**グラフ5-1**を見ていただきたい。

中国は輸出を通じて巨額の経常収支黒字を生み出してきた。これと日米欧など海外企業による対中投資で外貨が流入する。共産党支配下にある発券銀行の中国人民銀行は外貨

グラフ5-1　中国の国際収支と米国の対中貿易赤字（億ドル）

データ：CEIC

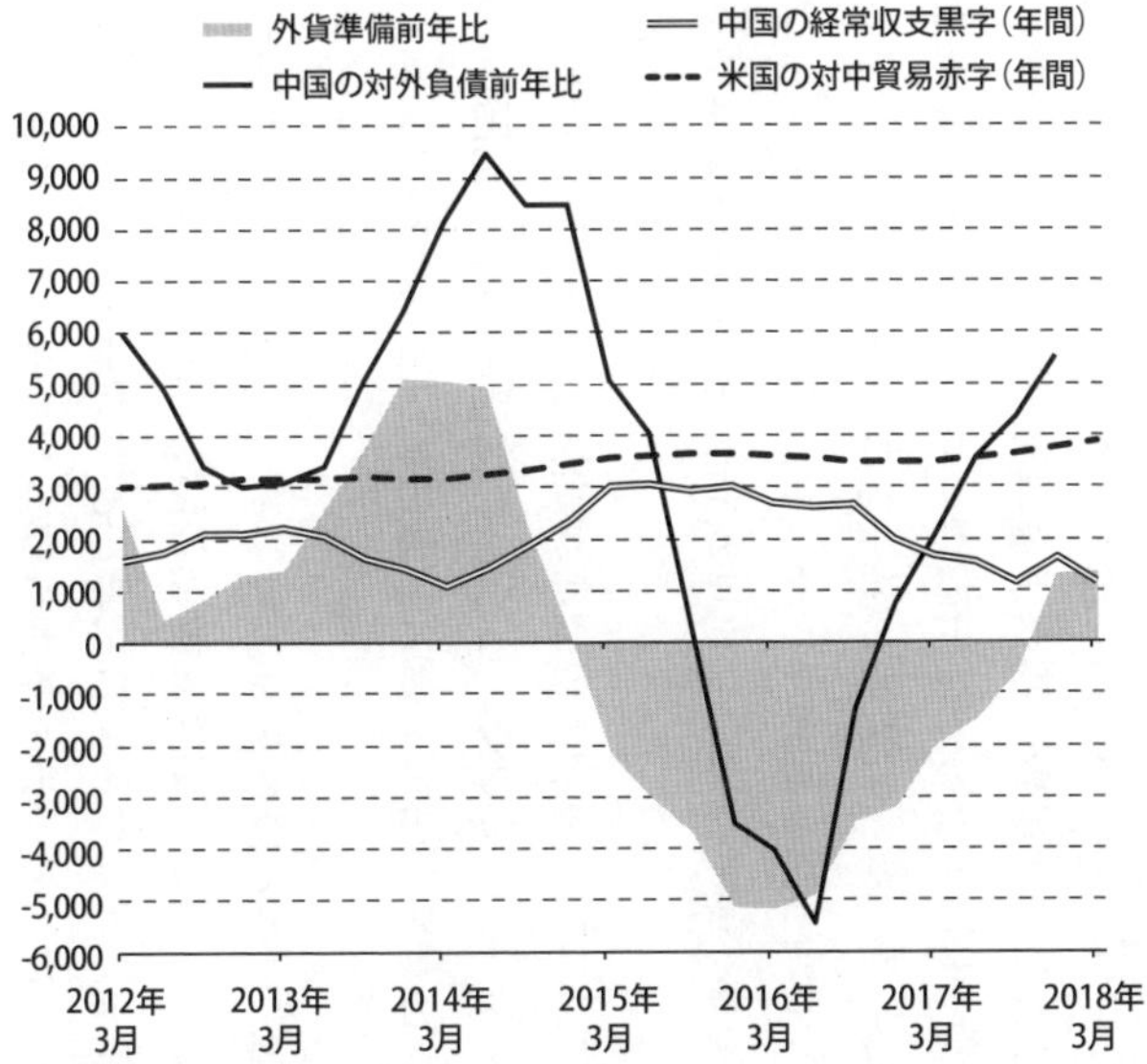

を吸い上げて外貨準備とし、外準の増加に見合う人民元を発行し、商業銀行を通じて融資を拡大させる。このビジネスモデルが功を奏し、高度成長を実現させてきた。

特に２００８年９月のリーマンショックは中国膨張のきっかけになった。米連邦準備制度理事会（ＦＲＢ）は米国が５年間でドルの発行額を４倍、３兆ドル以上増やした。中国には貿易黒字や海外からの投資を通じてほぼ同額のドルが流入し、人民銀行は米国と同じ速度で金融の量的緩和を行い、二桁台の経済成長率を取り戻した。北京は金融の拡大に合わせて軍拡を加速させ、2012年秋に党総書記に就任した習近平氏はさらに14年11月にユーラシアから中近東・アフリカまでの陸海を結ぶ経済圏構想「一帯一路」構想を打ち上げた。東南アジア各国に有無を言わせず南沙諸島を埋め立てる強引な領域拡張策を支えるのもマネー・パワーである。

流入外貨こそが経済・軍事両面に渡る膨張の原動力と言えるわけだが、中国は致命的とも言える脆弱な構造を内包している。**グラフ5-1**が示すように、対米貿易黒字は経常収支を一貫して上回る。対米貿易で巨額の黒字を稼げなければ、中国の通貨発行も金融も拡大できないのだ。

トランプ政権がその中国経済モデルの欠陥を衝く意図があったかどうかは不明だが、米側統計で昨年3750億ドルに上った米国の対中貿易赤字を2000億ドル削減せよと迫る。中国の経常収支黒字は縮小する傾向にあり、昨年は1200億ドルにとどまった。単純に引き算をすれば、2000億ドルもの対米黒字を減らせば、中国の対外収支は大幅な赤字に転落し、習政権の対外膨張戦略は頓挫しかねない。

中国のマネーパワー自体、見かけだけで中身は怪しい。外準は3兆ドルを超え、世界ではダントツだが、構造は上げ底だ。外国企業の直接投資、海外市場での債券発行、銀行借り入れなど負債によって入る外貨も人民銀行が最終的に吸収するので、外準にカウントされる。**グラフ5―1**が示すように、負債の増加額が外準の追加分をはるかに超える。貿易などの経常黒字に加えて負債が大きく増えても、外準は前年をかろうじて上回る程度である。中国から巨額の資本逃避が絶えないからだ。

資本逃避の規模は2015年夏で年間1兆ドルに上った。当局が輸出競争力強化のために踏み切った人民元切り下げを嫌って、中国国内の投資家や富裕層が闇ルートや仮想通貨のビットコインを通じて資金を海外に移したためだ。その後、当局が人民元相場をやや高めに誘導したことで、資本逃避は減ったが、昨年でも2000億ドル前後の水準だ。そんなお寒い外準事情ならなおさらのこと、習政権は2000億ドルも対米黒字削減に応じるはずはない。

トランプ大統領はかねてから、習氏の金正恩北朝鮮労働党委員長への影響力に期待してきた。習氏はそれを逆手にとってトランプ氏に揺さぶりをかける。

しかし、今後、数年、数十年、トランプ政権が中国の脅威の増大を食い止めるために最も効果的な方法なのは、中国の対米黒字大幅削減なのは火を見るよりも明らかだ。覇権国米国がその座を守ろうとする限り引き下がるはずはないし、死活に関わる中国の共産党はあらゆる手を使って反撃を試みる。

しかし、「１００年戦争」というのは、もともと１３３７年11月から１４５３年10月までの英国とフランスの１１６年間の対立状態を指すが、戦争状態は間欠的で、時には休戦状態になり、終始戦闘を行っていたというわけではない。両国とも戦費調達など弱みを抱えていたためだ。米中とも内部に弱点を抱えるだけに、中世の英仏と同じく米中貿易戦争もしばしば休戦するだろうが、覇権争いという根本的な対立構造が解消するはずはない。米中貿易戦争は共産党政権が続く限り、10年でも１００年でも続くだろう。

どう展開するか、まずは２０１７年１月のトランプ政権の発足からしっかりと見ていこう。そのときから、２０１８年５月までの米中のせめぎ合いは威嚇と妥協、欺瞞と裏切りに満ちている。

2　トランプ政権発足、対中強硬策打ち出す

２０１７年1月に発足したトランプ米政権は新国内政策の目玉である医療保険制度改革（オバマケア）代替法案が撤回を余儀なくされ、出だしからつまずいた。失地挽回は通商など対外政策に求めるしかない。矢継ぎ早に通商と軍事の両面で対中強硬策を繰り出した。

2月末、米商務長官に就任したウィルバー・ロス氏は中国を「最も保護主義的」と名指しし、「準備が出来次第、対中具体策を発表する」と言明。トランプ大統領は国防費の前年度比10％増額方針を議会に提示した。

3月1日にホワイトハウスは、世界貿易機関（ＷＴＯ）ルールに束縛されずに米通商法報復条項（３０１条）を発動する「２０１７年大統領の通商政策」を発表し、3日には中国の鉄鋼製品への制裁課税を決めた。これらは大統領直属の新設機関、国家通商会議（ＮＴＣ）のピーター・ナバロ委員長が作成中の通商・通貨と軍事一体の対中強硬策の前触れだ。

3月5日には北京で、中国共産党案を国家政策として承認するための全国人民代表大会（全人代）が開幕した。習政権は軍事支出の増額を打ち出すが、軍拡予算を裏付ける経済力に不安を抱える。経済成長率目標は6.5％前後に落ち込む一方で、国内総生産（ＧＤＰ）

の10％近くの資金が海外に流出している。

　思い起こすのは1980年代のレーガン政権の対ソ連強硬策である。レーガン大統領はアフガニスタン侵攻など対外膨張政策を展開するソ連に対抗し、戦略防衛構想（通称「スターウォーズ」）を打ち出すと同時に、高金利・ドル高政策をとって石油価格を数年間で3分の1に急落させた。国家収入をエネルギー輸出に頼るソ連は軍拡競争に耐えられず弱体化し、90年代初めに崩壊した。

　トランプ政権もまた、中国の弱点を確実に衝いてくる。貿易面での制裁が対米輸出に打撃を与えるばかりではない。米株高と連邦準備制度理事会（FRB）による利上げは中国からの資本逃避を促す。

　中国人民銀行は人民元防衛のために外貨準備を取り崩す。3兆ドル弱の外準は中国の対外負債4.7兆ドルを大きく下回り、実質的には対外債務国だ。アジアインフラ投資銀行（AIIB）を主導し、全アジアを北京の影響下に置こうとするもくろみは危うい。

　2016年秋からの米株価の上昇は「トランプ・ラリー」と呼ばれる。トランプ氏のインフラ投資、法人税減税路線の先取りによるとの見方だが、実際には中国の逃避マネーによって押し上げられた株価が飛躍したようだ。中国からの資金流出額は2016年12月には2895億ドル（16年10～12月の合計額）と、半年前の1508億ドル（16年4～6月の合計額）から約2倍に膨らんだ。この間に米株価は1200ドル弱上昇した。トランプ政権は図らずも中国のマネーパワーを吸い取っている。

北京は資金流出や人民元暴落阻止に向け、旅行者による海外での「爆買い」禁止などを打ち出したが、小手先では対応仕切れない。金融を引き締めると国内景気が持たない。逆に、銀行融資を急増させて不動産相場の下支えや地方政府のインフラ投資の後押しに躍起になっているが、結果は地方政府や企業債務の膨張、すなわち人民元マネーバブルであり、暴落不安がつきまとう。

3 中国に大甘過ぎた米国

中国の習近平国家主席は2017年1月の世界経済フォーラム（通称ダボス会議）で、トランプ氏の強硬策を念頭に、「保護主義を追い求めることは、暗い部屋に閉じこめるようなもの」と大見得を切った。実際には、中国こそは関税・非関税両面での貿易障壁を張

グラフ5-2　米中の世界商品貿易シェア
データ：世界銀行、CEIC

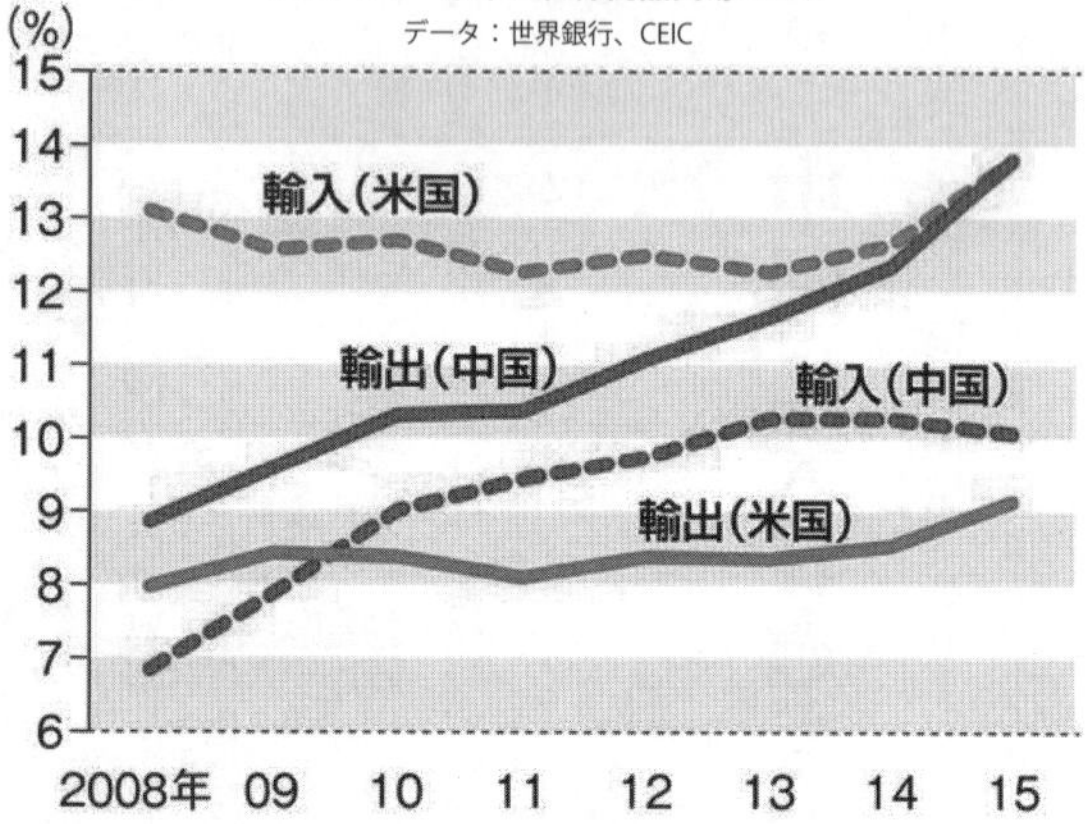

り巡らせている。市場は共産党官僚の裁量次第で不透明きわまりない、のにである。

トランプ氏は「公正貿易」の名のもとに高関税による制裁を振りかざすので、保護貿易主義者のレッテルを貼られているが、米国が公正で透明度の高い自由な市場国家であるという現実は世界のだれもが認めるだろう。２０１７年４月には、トランプ氏が２月に安倍晋三首相を招いたフロリダ州の別荘「マール・ア・ラーゴ」で習氏と会談する。米中首脳があべこべの立場で話し合うのだから、言わばだまし合いのポーカー・ゲームである。

グラフ5-2は米中の世界貿易シェアの推移である。中国は世界最大の輸出大国であり、米国は最大の輸入国で、中国は輸出をひたすら増やし、輸入を減らしている。米国は輸出、輸入とも上向きだが、輸入が圧倒的に大きい。中国は典型的な重商主義国であることは明らかで、それをおくびにも出さずに「中国は門戸を開き続け、閉じることはない」（ダボス会議での習氏の発言）とはよくぞ言ったものだ。

その当時、筆者は夕刊フジのコラムで、習氏の発言について次のように揶揄した。

「トランプ氏は習氏の言質を逆手にとればよい。開かれた貿易国家を自負するなら、対中進出する外資を無理やり国有企業との合弁出資にさせることも、知的財産権を侵害する慣行も、ネットのアクセス制限や監視も、海外への送金規制も、輸入車への高関税も…と障壁例は限りなくあるが、すべて撤廃してはどうかと、トランプ・チームは迫ればよい」

「政治的に気に入らない政策をとった国からの輸入を党指令のもとに制限する。あるいは、その国の進出企業に暴徒を差し向けて石を投げ、火をつける自由貿易国家が存在するとは聞いたことはないね、とトランプ氏得意のつぶやきをツイッターで流せばよい。そして、それを中国国内でもアクセスできるんだろうねと、マール・ア・ラーゴでのくだけた夕食会の席上で習氏に耳打ちすればよい」

「思えば、米国は中国に大甘過ぎた。一つは中国が世界一の成長市場だという思い込みと、もう一つは核ミサイルをぶっ放しかねない北朝鮮の金正恩（キム・ジョンウン）朝鮮労働党委員長の抑え役として期待したからだが、いずれも裏切られっ放しだ」

その後の情勢は、筆者のコメント通り、トランプ氏の米中貿易収支不均衡削減や知的財産権侵害停止などの要求攻勢の中で、北朝鮮カードを使った習氏が陽動作戦で応じることになる。

4　フロリダのトランプ・習会談

２０１７年４月、米フロリダ州で開かれた米中首脳会談で、米中は米国の対中貿易赤字削減のための「１００日計画」策定で合意した。トランプ政権はオバマ前政権までの政経分離路線と決別し、貿易と軍事・外交をリンケージさせた。

トランプ政権は習近平国家主席訪米に備え、貿易を軍事、外交と関連付け、相手国と厳しい交渉を行う戦略を練ってきた。３月末に打ち出した大統領令「著しい貿易赤字に関する包括的報告」もその表れで、大統領令の冒頭で「自由かつ公正な貿易は国家の繁栄、安全保障及び外交に不可欠だ」と強調している。その２日後にトランプ氏は、英フィナンシャル・タイムズ紙との会見で、中国が対米協力しない場合には北朝鮮に単独攻撃を辞さない構えを示した。6日の夕食会終了間際にシリアに対しミサイル攻撃したと習氏に告げた。シリア攻撃は北朝鮮への威嚇であると同時に、北朝鮮を一貫して支えてきた中国に対する警告でもある。

中国が対北朝鮮の押さえ込みに協力しない場合、貿易、為替面でもより一段と強硬な対抗策をとると思わせる。追い打ちをかけるのが100日計画で、習政権が7月上旬までに目覚ましい案を提示しなければ、米通商法を活用し、高関税など一方的な措置に踏み切ることを辞さない。

100日計画について、「(米側は)日本にも同様の行動計画策定を求める」(日経新聞2017年4月9日付朝刊)と警戒する向きもあるが、日本のメディア界に根強い自虐思考の産物だ。各紙は17年3月の大統領令についても、「赤字削減へ日中に圧力」(2017年3月1日付日経新聞夕刊)、「赤字削減へ大統領令署名」(同2日付朝日新聞朝刊)などと報じ、日本も中国と同様の米貿易赤字の元凶視されるとみる。米中貿易不均衡は突出している(**グラフ5-3**)。自由市場日本と、重商主義中国を同列視するのは無知そのものだが、米側からいらぬ外圧を呼び込みかねない。

グラフ5-3　トランプ政権下の米国の対外貿易赤字
（各月までの12カ月合計赤字の前年同期比増減、億ドル）
データ：CEIC

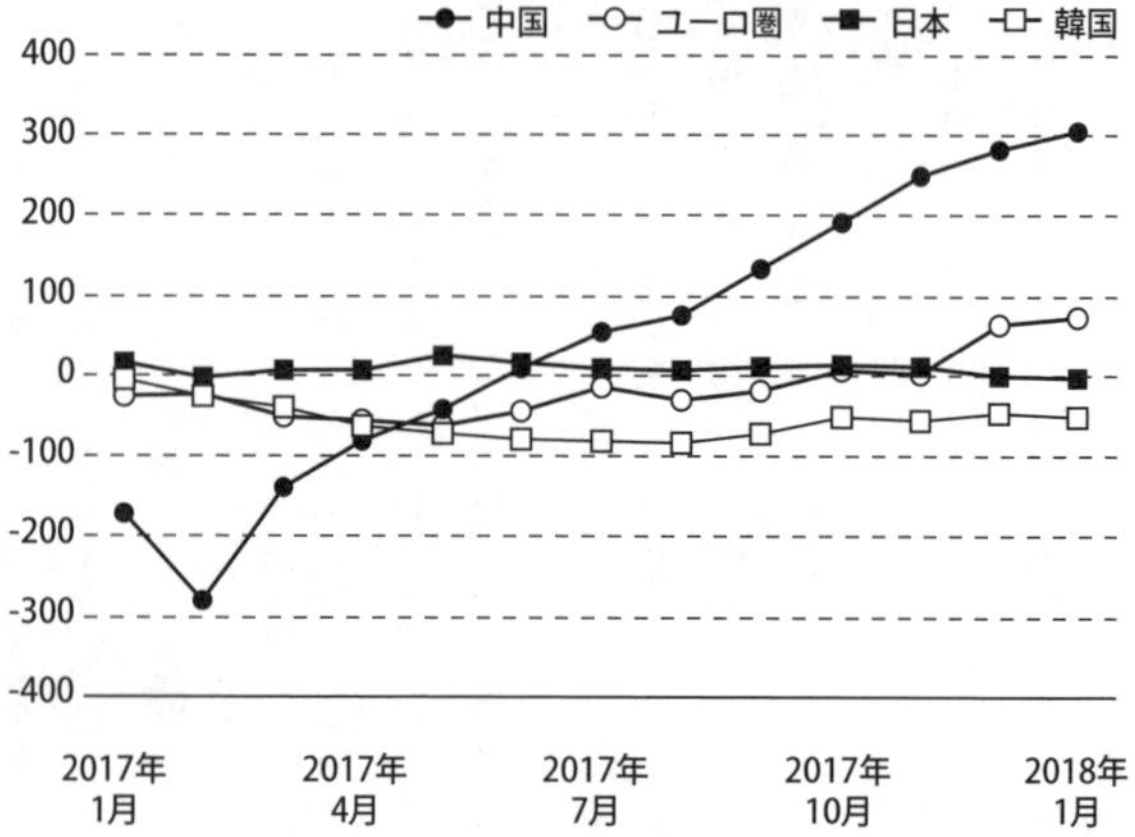

日本や欧州、アジアにとっても、恣意（しい）的な党指令に左右される中国市場の規制撤廃や自由化が進むことは大変なプラスになるはずだが、日本のメディアは自国を中国と同列視して身構える。中国は知的財産権侵害、外資の出資制限、送金規制など貿易障壁に覆われる。国内のネットを検閲して外部情報を遮断し、外国人が持ち込むＩＴ機器やネットワークの機密情報へのアクセスを強要する。

これら諸問題に世界貿易機関（ＷＴＯ）など国際機関は無力。市場利権重視の歴代米政権は弱腰だった。「米国第一主義」のトランプ政権になって、ようやく遠慮会釈なしに大きく切り込むという点で評価

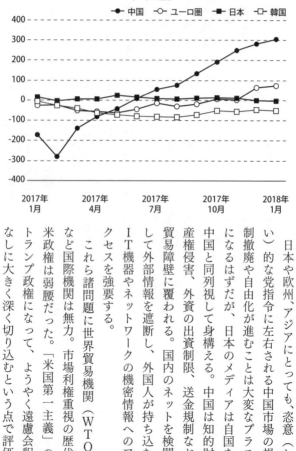

すべきなのだ。

5 「為替操作国」見送りで、せせら笑う中国

トランプ米大統領は2017年4月に習近平中国国家主席との会談後、豹変した。大統領選挙期間中にさんざん繰り返して公約した中国の「為替操作国」認定と制裁関税適用を見送った。

トランプ氏は大統領就任前、中国からの輸入品に45％の高関税をかけると息巻き、オバマ政権までの「一つの中国」政策放棄までちらつかせたが、2月に北朝鮮が長距離弾道ミサイル実験をするや、電話で習氏に「一つの中国」維持を伝えた。4月7日にフロリダで習氏と会談した後の12日には「中国を為替操作国に認定しない」と言明。トランプ氏はツイッターで2800万人のフォロワーに対し、「北朝鮮問題でわれわれに協力する中国を為替操作国とどうして呼べる？」と弁明した。トランプ氏の変節ぶりにあきれた向きも多いが、中国の習近平国家主席による北朝鮮の金正恩朝鮮労働党委員長への圧力と引き換え、

というわけだ。

ワシントンの認定見送りのニュースが流れる中、東京都内で会った某人民解放軍関係者は、トランプ・習両首脳間のやりとりを引き合いに出しながら、「これで米中関係は今後50年間、大丈夫」とうそぶいていた。

実のところ、中国共産党・人民解放軍のトップである人物が朝鮮戦争で共に血を流した盟友を見限り、おいそれと米国の言いなりになるはずはなく、圧力をかけるポーズだけで済ませようとする可能性は強い。習氏は2017年1月に北からの石炭輸入は停止したものの、石油輸出は続けているし、中国の銀行は依然として北向けの外貨送金に協力している。

試練にさらされているのは、習氏の対応ではなく、「習氏が協力しなければ、為替や通商で強硬策をとるぞ」という「トランプ・カード」の効力ということになる。

トランプ氏から為替操作国と指定された場合、北京が無理やり人民元を切り上げるしかない。当然、金融を厳しく引き締めざるをえず、過剰生産設備を抱える国有企業が一斉に経営破綻する。こうした恐れが北朝鮮のおかげで吹き飛んだ。

気になるのは、国際金融界の見方だ。「トランプ・カード」は米英のメディアから冷たくあしらわれている。英フィナンシャル・タイムズ紙や米ウォールストリート・ジャーナル紙は以前から、米国による対中報復関税の適用は米中貿易戦争を招き、世界経済を混乱させると警告してきた。トランプ氏の人民元安誘導批判については、中国当局が外貨準備を取り崩して人民元の押し上げに努力しているので当たらないと擁護してきた。トランプ氏は習氏とのゲームでは背後からブーイングを浴びさせられている。

その当時、トランプ政権の中でも、対中強硬論を説いてきたスティーブ・バノン首席戦略官・上級顧問（当時、17年8月に解任された）は国家安全保障会議のメンバーから外された。著書「米中もし戦わば」で知られるピーター・ナバロ国家通商会議委員長のホワイトハウスでの影は薄いままだった。

その代わりに、チャイナマネーを重視するゴールドマン・サックス出身のスティーブン・ムニューシン財務長官やゲーリー・コーン国家経済会議委員長の発言力が強くなっている。中国の為替操作国指定回避は政権内の実利重視派優勢の表れでもある。トランプ政権は強大化する中国のマネーパワーと組む勢力が、対中強硬派より優勢な情勢だった。その中で、中国に対する為替操作国認定見送りが決まった。

東京・銀座に出かけてみると、中国人旅行者でごった返すショップばかりが目立つ。一部の店では中国から持ち込んだスマホをかざせばただちに代金決済できる。いわば人民元使い放題だ。当局による「為替市場管理」を通じてドルに連動する人民元は日本など海外で購買力を発揮し、大歓迎を受ける。それは他ならぬ「為替操作」の産物という皮肉な現実だ。

6「外為操作」不問が危機招く

大統領選挙期間中に、トランプ氏がまくし立てた対中強硬策は毒をもって毒を制す効能を秘めていた。中国リスクをチェックできるだけの政治力を有しているのは、米国しかないからだ。

中国経済は習近平政権の号令によるインフラや不動産投資というカンフル剤投与で成長を続けるが、不動産市場ではバブルが再燃、膨大な余剰設備を抱えた国有企業は温存されたままだ。政府が外国為替を含む金融市場をがんじがらめに規制し、中国人民銀行資金を集中投下するからこそ可能なマジックだが、官民債務は既に国内総生産（GDP）の2.7倍以上に膨張している。債務バブルであり、崩壊すれば新たな世界経済危機を引き起こす恐れがあるとは、親中派の英フィナンシャル・タイムズのチーフ・エコノミクス・コメンテーター、マーティン・ウルフ氏ですら、同紙で警告した。

人民元の為替操作をやめさせ、切り上げを迫り、応じなければ輸入中国製品に45％の関税を適用する。人民元を切り上げるなら、ゾンビ企業は改革を迫られる。人民銀行や国有商業銀行は市場需給に応じた効率的な資金配分を図る。つまり金融市場自由化が不可避になり、人民元相場の管理・操作制度は自由変動相場制への移行を迫られる。金融自由化すれば、当局による外為管理はますます無力になるからだ。国内外の資金移動を当局が制限していても、海外への資本逃避は2016年に7000億ドル（約76兆円）以上に達したほどだから、そもそも現行制度自体、時代遅れになっている。

習政権は「一帯一路」構想を掲げ、アジア全域の陸と海のインフラを北京に直結させ、中華経済圏化しようともくろむ。インフラは軍事転用可能で、南シナ海への海洋進出と同じく、軍事面での膨張策と重なる。北京で2016年初めに開業したアジアインフラ投資銀行（AIIB）はその先兵だ。

ドルに連動させる為替操作が米国に黙認されたのを奇貨として、AIIBは中国人民銀行が発行する人民元を使ってインフラ資金を融通する。17年4月の米中首脳会談では、習氏がトランプ氏に対し米国のAIIB参加を懇請した。トランプ氏が応じれば、AIIBは国際金融市場での地位を固められると踏んだからだ。

懸案はAIIBばかりではない。中国には世界貿易機関（WTO）ルールが通用しない。知的財産権侵害もダンピング輸出も止まらない。外資には出資制限を課し、技術移転を強要する。企業が中国から撤退しようとすれば身ぐるみはがされる。突如、海外送金も止められる。党幹部による裁量が優先し、公正な裁判どころではない。金融市場は規制緩和どころか、強化される一方だ。この結果、不動産開発などバブル融資が繰り返され、企業や地方政府の債務膨張が止まらない。

対する米国は世界最大の債務国であり、外部からの資金流入に依存する。貿易赤字は大きくても、相手国がその分を対米証券投資で還流させれば、米金融市場は安定する。日本は対米貿易黒字分を上回る資金を米証券市場につぎ込んでいる。

対照的に、中国は米国に貿易黒字を証券投資で還流させない。16年は年間3500億ドルの黒字に加えて1300億ドルの証券を売却している。日本は米金融市場のいかりであり、中国は機雷も同然だ。その点を、日本の安倍政権はトランプ政権にはっきりと指摘すべきなのだが、通貨・金融を仕切る財務官僚には「親中派が多い」（安倍首相周辺）というありさまで、危機感に乏しい。

7 中国当局の人質同然のアップル

2017年8月、北朝鮮情勢が緊迫化する中で、トランプ米大統領は通商法301条に基づき、中国による知的財産権侵害に関する調査を通商代表部（USTR）に指示する大統領令に署名した。事前に習近平中国国家主席との電話会談で通告していた。4月には習近平氏が北朝鮮の金正恩委員長を抑えると見込んだ上で、45％の対中制裁関税適用を棚上げしたが、北朝鮮は大陸間弾道ミサイル（ICBM）を発射した。知財権侵害調査は習氏に対し、北朝鮮に対する国連制裁への協力を迫る通商・安全保障リンケージ策の一環でもある。

ところが、トランプ政権の意気込みはよいとしてもどこまで知財権侵害の中国を罰せるかどうか、足元がおぼつかない。アップルなど米企業の多くはすでに中国当局の人質同然になっており、中国側に逆らえなくなっているからだ。

米ウォールストリート・ジャーナルの2017年8月9日付電子版の「中国の夢はアップルの悪夢、規制に屈する米IT企業」と題する記事はまさにそのポイントをついている。アップルなど米ハイテク大手企業は「ストックホルム症候群」にかかっているという。同症候群とは、誘拐、監禁された被害者が長い間、犯人と接しているうちに、犯人にある種の連帯感や好意を抱くようになる心理状況や行動を指す。米各社はIT、車の自動運転、ロボットなど中国の国産化戦略に協力し、中国企業との合弁を通じて巨額の投資を行い、技術移転に応じてきた。

ITについて、中国は1990年代後半から、インターネットの検閲能力、統制技術を強化してきたが、筆者の知人である米国の中国専門家によれば、その基礎技術を提供したのは米ネットワーク機器メーカー大手だという。中国共産党にとって都合の悪いウェブサイトをチェックし、遮断する。2016年3月には中国国内のインターネット接続サービスプロバイダー各社は、中国以外で登録されたドメイン名のウェブサイトへの接続を禁じた。

アップルは中国当局のインターネット検閲システムを回避できるアプリケーション・ソ

フトを中国のアプリ配信サイト「アップストア」から撤去した。同社のティム・クック最高経営責任者（CEO）は「単に中国の法律に従っているだけだ」と説明しているというが、アップルは米国をしのぐ市場規模になった中国の法令順守を、米国の「自由」理念よりも優先させている。

アップルに限らず、グーグル、インテル、IBMなども軒並み、中国には従順だ。何よりも規模が大きくしかも成長が見込める中国市場でのシェア獲得に目がくらんでいるからだ。いわば、株主利益最優先の米国型資本主義の弱点が中国当局によって逆手にとられたようなもので、前述のクック発言のように、対中協力が当たり前かのごとき症状をみせている。

301条に基づく調査は中国による知的財産権侵害や技術移転の強要などが対象になる。だが、被害者の米企業が口をつぐめば、301条違反の証拠集めには手間取る。そんな限界を突破するためには、米国は情報機関を総動員するくらいの決意が必要のはずだが、おいそれとはいかない。

1980年代後半、米大統領が日本製半導体のダンピング調査を命じたとき、担当の米通商代表部（USTR）ばかりではなく、中央情報局（CIA）の海外情報網を活用したが、中東、朝鮮半島などで忙しく人員が足りないようだ。

8　トランプ外交の本質は〝差し〟での取引

香港不動産業の盟主と称されてきた長江和記実業の李嘉誠主席（90）が2018年5月、現役を退いた。李氏のビジネス哲学は徹底した収益至上主義で、李氏自身があらゆる労苦をいとわない。専制君主そのもので、気に入らなければ部下をばっさり切る冷徹さは際立つが、気さくに人に会い、会話し、決して逃げない。

1997年7月の英領香港の中国返還の際には、中国の香港駐在員のために豪勢な官舎を寄付したばかりか、しばらくの間、夜には自ら必ず官舎に足を運び、御用をうかがったものだ。

同じ不動産王上がりのドナルド・トランプ米大統領も目的達成のためには手段を選ばない。李氏は政治と距離を置いたのだが、トランプ氏は政治家になり、政治と外交を不動産ビジネス化した。

トランプ政権では、政権発足後1年余りの2018年3月、米金融界の代表格だった国家経済会議（NEC）のコーン委員長が辞任を表明したし、産業界の主流派代表の大手石油資本、エクソン・モービル会長だったティラーソン氏が国務長官解任となった。トランプ氏が動揺の色を見せないのは、不動産王の面目躍如と言うべきか。

コーン氏辞任には鉄鋼・アルミ報復関税、ティラーソン氏更迭には北朝鮮の金正恩（キム・ジョンウン）朝鮮労働党委員長との首脳会談開催がからむ。トランプ氏自身が目指すゴールの邪魔者は不要、というわけだ。

自由貿易主義や伝統的な米国外交路線をあてにしてきた日本の当局者は、大いに戸惑っているのだが、相手は名うての不動産ビジネスマンなのだ。

トランプ氏のやり口とは何か。18年3月10日付のトランプ氏のツイッターがヒントになる。その2日前には報復関税発表、1日前には米朝首脳会談開催が決まった。ツイッターはまず、「欧州連合（EU）は米国との貿易でひどいことをやっている」となじる。続けて、北朝鮮との会談合意を自賛したあと、安倍晋三首相との電話での会話に触れ、「安倍首相の話は米朝首脳協議に熱狂的だ。さらに、年1000億ドルに上る対日貿易収支是正に向けた日本市場開放について話した」とある。最後は、「中国の習近平国家主席とは北朝鮮の金正恩との会談について長話した。習氏は米国の外交的解決の姿勢を評価している。中国は引き続き役立つのだ！」。

実際には、トランプ政権発足後、対米貿易黒字を急速に膨らませているのはもっぱら中国で、その次は欧州だ。トランプ氏が自由貿易協定を破棄すると脅しつけた韓国は対米黒字を減らしている。日本はほぼ横ばいだ。しかし、今秋の議会中間選挙に向け「米国第一主義」の成果を急ぐトランプ氏は安倍首相に対し、米朝首脳会談合意にからめて、実際には700億ドル弱の対日貿易赤字を1000億ドルとブラフをかけて、大幅譲歩を狙った。

中国に対しては、この際、北朝鮮問題での協力優先、というわけで、対中強硬策は素知らぬ顔で別途進行中だ。トランプ外交とは要するに、首脳間取引主義であり、差しでの話を好む。学校法人、森友学園や加計学園がらみの疑惑騒ぎが続く中での安倍首相の地盤弱体化はまずい。野党やメディアが首相や首相周辺のあら探しに熱中するだけで、国際情勢の激動に対して政治のリーダーシップの重要性を度外視するのは無責任だ。

9 トランプ、米朝首脳会談に合わせ対中強硬策に回帰

トランプ大統領が政権発足前に繰り返していた通商での対中強硬策を棚上げにしたのは、習近平中国国家主席の対金正恩北朝鮮労働党委員長を押さえつけるのと引き換え、というトランプ流取引外交による。ということは、朝鮮半島情勢の緊張緩和が確実になれば、もはや習主席に対する遠慮もいらぬ。思い切り対中要求をぶつけられる局面に変化する。

2018年3月から5月にはそのドラマが演じられた。トランプ大統領と金正恩委員長との歴史上初の米朝首脳会談開催合意がソウル発で発表されたのは同年3月8日だが、水面下では米朝首脳会談の条件や場所や日程の詰めと合わせて、米中貿易協議の調整がワシントンと北京の間で活発化していく。そして、5月3、4日には米中貿易の1回目の交渉が行われ、4日にはトランプ大統領が「米朝首脳会談の日程と場所が決まった。間もなく発表する」と記者団に打ち明けた。北朝鮮が「非核化」を受け入れる姿勢を示す中、トランプ氏は習氏に対する要求案作成を側近のムニューシン財務長官やナバロ製造局長に命じていたのだ。

米トランプ政権は2018年5月初めに北京で開かれた米中通商協議で対米貿易黒字2000億ドル削減を求めた。この対中強硬策について、英フィナンシャル・タイムス紙（FT）のチーフ・エコノミクス・コメンテーター、マーティン・ウルフ氏は9日付けのコラムで「米、中国に貿易戦争布告」と報じた。ウルフ氏は「2000億ドルもの削減要求はばかげている」とトランプ政策を非難している。「米国が築き上げてきた貿易制度を支える非差別主義や多国間協調主義、市場ルールの順守といった原則に反する。米国は自分たちを恥じるべきだ」「トランプ政権よりも国益をよく理解している米国人は、米国が対立を望むようならいずれは孤立するということを理解すべきだ。それが自分勝手ないじめっ子となった指導者のたどる運命である」（10日付け日本経済新聞朝刊に掲載された翻訳記事から）という具合である。

2000億ドル削減はトランプ政権が事前にまとめた対中要求案のたたき台「米中貿易関係均衡に向けて」に盛り込まれている。まず、2018年6月から12カ月間で1000億ドル、さらに19年6月から12カ月間で1000億ドルを追加し、2020年には2018年に比べて2000億ドル削減すると期限を明示している。同時に知的財産権侵害やサイバー攻撃の停止、進出米企業に対する投資制限の撤廃、中国企業の米情報技術

グラフ5-4　中国の経常収支と米国の対中貿易赤字（億ドル）

データ：CEIC

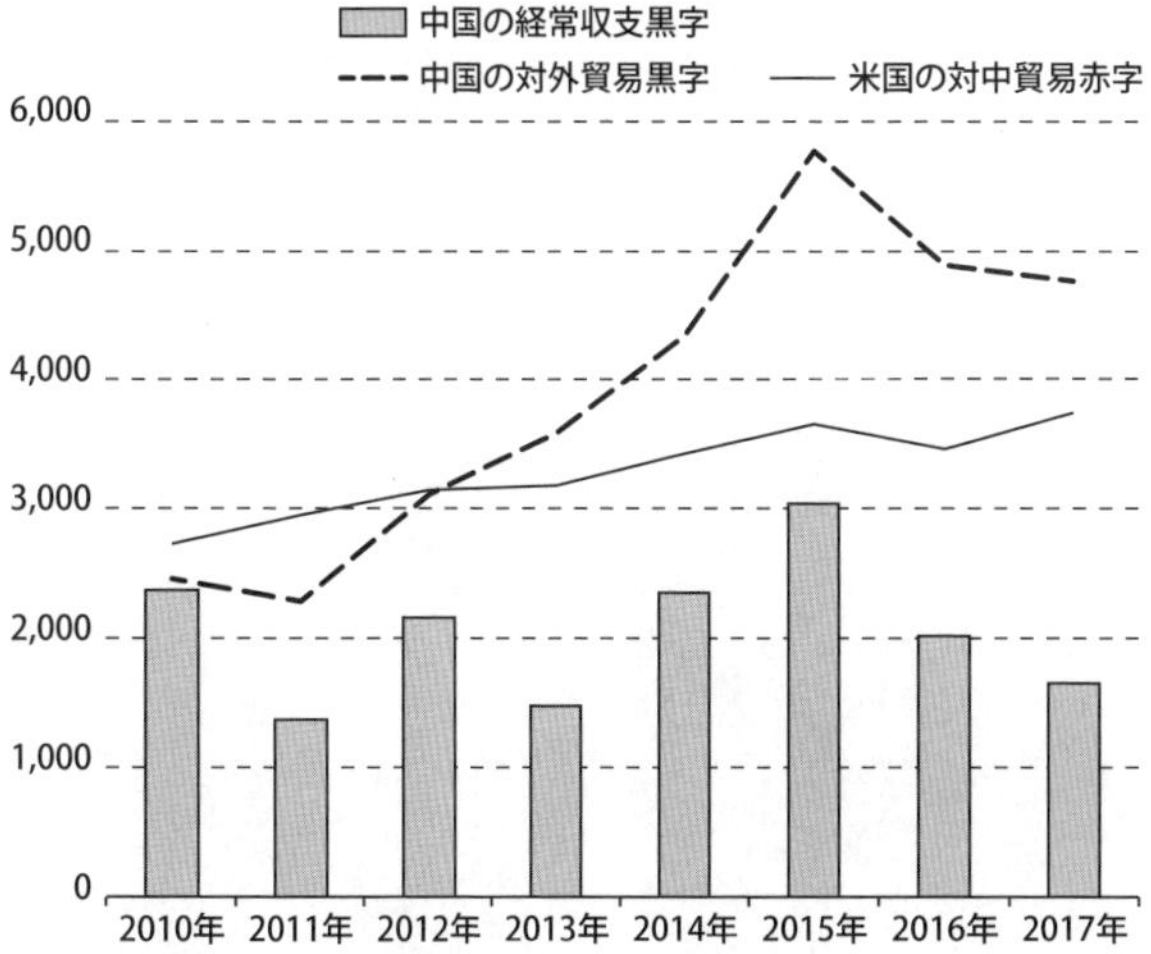

（ＩＴ）企業買収に対する米側の制限の容認などを求め、中国側は報復しないよう迫っている。その過激さから、ＦＴは「最後通告」だとみなしたわけだ。

前述の要求案の但し書きを読むと、同案はあくまでも事前に用意された草案であり、対中協議の進展具合で見直されるとの説明付きだ。大上段に振りかぶって相手を威圧し、大きな譲歩を引き出すのがトランプ流取引だとすれば、結果はめでたく握手、という可能性も否定できないが、本章の冒頭で述べたように、基本は膨張主義対覇権国という対立の構図にある。

もちろん、米朝首脳会談を米側にとって成功に終わらせるためには、習氏の対北影響力を必要としている。

現に、トランプ氏は米国から部品供給禁止の制裁を受けている中国の通信機器大手、中興通訊（ＺＴＥ）が経営難に陥るのをみるや、「救済の手を差しのべてもよい」と中国の習近平国家主席に申し出た。

それでも、拙論の見るところ、米中摩擦の鍵を握るのは２０００億ドル削減の可否である。**グラフ5-4**は中国の対外収支と米国の対中貿易赤字の対比である。中国の貿易黒字の大半を占めるのは対米黒字だ。貿易黒字はしかし、国民の海外旅行、特許使用料、進出外国企業の収益など差し引いた経常収支で大きく減り、最近では年間２０００億ドルを下回る。対米黒字が２０００億ドルも減れば、経常収支は赤字に転落する。すると中国は外貨準備を増やすことが困難になる。外準こそは中華経済圏構想「一帯一路」など習政権の対外膨張策の軍資金である。習氏は脅えているはずだ。

10　対中国でG7結束へ動く

トランプ米大統領は2018年6月15日、「産業上重要な技術を含む」500億ドル（約5兆5000億円）相当の中国製品に対して25％の関税を課すと表明した。500億ドルに対する追加関税を発表した。

トランプ大統領は声明で、習近平国家主席との「素晴らしい友情」を強調する一方、米中貿易は「非常に長期にわたり、非常に不公平」だったと述べ、中国が報復すれば、1000億ドルの中国輸入品に追加関税を課すとたたみかけた。中国政府もその5時間後の16日午前2時前に500億ドルの追加関税案を発表した。米国の農産物や自動車、原油などを対象に、同等の規模、税率の報復関税を適用するという。「米中貿易戦争」が始まった。

米通商代表部（USTR）によると、米国は7月6日から340億ドル相当の中国からの輸入品818品目に対し関税を課す。残り160億ドル相当は半導体や機械、プラスチックなど284品目という。半導体などは中国がハイテク産業の国産化をもくろむ「メード・イン・チャイナ2025」計画の関連製品だ。トランプ政権は2025計画について「米国など中国以外の多くの国の経済成長を妨げる」と警戒する。

中国も報復関税発動のタイミングを7月6日に合わせた。大豆や豚・鶏肉、海産物、スポーツ用多目的車（ＳＵＶ）、電気自動車（ＥＶ）など３４０億ドル相当の米輸入品５４５品目に関税を課す。中国はさらに１６０億ドル相当の米輸入品を報復リストに追加する構えだ。原油、天然ガス、化学製品、石炭、医療機器などだ。農産品とエネルギーは、トランプ政権が対中輸出拡大に熱心で、習近平政権は6月初旬の米中協議で７００億ドル規模の輸入拡大策を示していた。農業地帯と原油、天然ガスと石炭産業は18年秋の議会中間選挙で共和党の票田で、トランプ政権にとって打撃となる。

だが、一見すると、トランプ流は辺り構わず打ちまくるそこつ者のガンマンのようである。そんな行状だけに気を取られると、いったいトランプ氏はどこを標的にしているのかわからなくなってしまう。

トランプ政権が18年6月初めに打ち出した安全保障を理由にした輸入鉄鋼、アルミへの追加関税を例にとろう。欧州連合（ＥＵ）とカナダは激しく反発し、大型二輪車などの米国製品に7月から報復関税を課すと息巻く。

トランプ政権は同じく安全保障を理由に、自動車にも追加関税を課す検討も進めている。米国の自動車輸入額は３６００億ドル（部品含む）と輸入全体の15％を占め、鉄鋼（輸入の1％強）に比べてケタ違いに大きい。ドイツ車や日本車が主な標的になる。日本やドイツの自動車産業を直撃するばかりか、米国も自動車価格の上昇で消費者の懐を痛めつける懸念が生じる。

米欧対立に気を取られるメディアは中国に焦点を合わそうとしない。「世界規模で高関税を掛け合う貿易戦争へと突入する瀬戸際に立った。世界景気は大きな下振れリスクに直面する」（日本経済新聞18年6月17日付け朝刊）という具合だ。欧米でもトランプ政権が中国のみならず世界を相手に「貿易戦争」を仕掛けているかのような見方が多いが、トランプが仕掛ける貿易戦争の真のターゲットはあくまでも「対中国」である。国際世論が貿易摩擦の元凶を米国とみなして、「トランプ対世界」という構図でとらえてしまうと、乱暴者の保護貿易主義者トランプ氏が非難され、中国があたかも自由貿易国であるかのごときとんでもない誤解が生まれてしまう。実際に、中国こそは知的財産権侵害、技術の盗用、不公正な国家補助など自由貿易ルール違反のデパートであることが看過され、習近平政権は漁夫の利を享受するだろう。

トランプ政権はそんな不合理な行動をとり続けるだろうか。

トランプ氏にとって、通商問題は何よりも政治そのものである。16年の大統領選で「米国第1主義」を掲げ、米国の雇用を奪う対外貿易赤字の大幅削減を訴えてトランプ氏は当選した。そして、貿易問題は18年秋の議会中間選挙、さらに再選がかかる2020年の大統領選挙が控えている。対外貿易赤字は17年で対中国3752億ドル、欧州1514億ドル、日本688億ドル、カナダ176億ドルなどで、圧倒的に対中赤字の比重が高いが、「貿易不均衡＝不公正」と決めつけるトランプ氏にとってみれば、欧州も日本もカナダも中国と同じく是正を求める対象として扱うことで一貫性が保たれる。

トランプ氏の要求が不当であれば、世界貿易機関（WTO）の紛争処理手続きに従い話し合うか、それとも2国間交渉によって折り合うのが、先進国間のこれまでの解決方法だ。日欧などは鉄鋼・アルミでもWTOへの提訴を検討している。

それに比べて、対中国となるとWTOルールも2国間協議も何の役にも立たない。日米欧とも、世界最大の成長市場中国でのシェア欲しさに、中国のルール違反を黙認してきたし、中国も巧妙に共産党が支配する経済ルールを相手国企業に押し付けてきた。拒否する企業は嫌がらせを受け、中国市場から締め出される恐怖を覚える。米国内ではそんな中国の横暴ぶりが以前から問題視されてきたが、歴代の米政権、1990年代のクリントン政権、2000年代のブッシュ政権、2009年スタートのオバマ政権を問わず、いずれも対中融和策をとり続けた。トランプ政権になって初めて、それまでの対中路線を廃棄し、抜本的な対中赤字削減とハイテクなどの投資制限を打ち出した。程度の差はあるとしても中国のルール違反の被害を受けているのは、日欧も同じであり、このまま中国の横暴をのさばらせるわけにはいかない。日米欧が仲間割れする場合ではないことは、各国首脳が認識しているはずだ。

18年6月8、9日にカナダ・ケベック州シャルルボワで開催された主要7カ国首脳会議(G7サミット)では、トランプ大統領に対し、鉄鋼・アルミ輸入制限の撤回を求める欧州とカナダの首脳が激しく対立する騒ぎになった。日米欧のメディアの多くは、「G7の亀裂」とする論調で終始した。しかし、G7がこぞってそんな愚かな対立で貴重な首脳会合の場を壊すはずはない。むしろ、中国に対して、結束の足並みが確認された歴史的なサミットと評価できる、というのが筆者の見解だ。

トランプ氏は、6月12日の金正恩北朝鮮労働党委員長との会談を控えて気もそぞろだった。G7サミット出席を早めに切り上げて、シンガポールに向かう機中では、G7サミット議長のトルドー・カナダ首相のサミット後の米国批判に怒り、「サミット宣言承認拒否」のメッセージを発した。しかし、トランプ大統領は12日の米朝首脳会談終了後の記者会見では一転してＧ７宣言を肯定した。「Ｇ７の会合終了時にはみんな満足だった。声明に署名することにも私は合意した。ただ、一部修正を要求し、それも反映された」。一部修正とは、宣言の主要項目である貿易に、安倍晋三首相の提案で「公正貿易」の文言が挿入されたことをさす。サミットで、トランプ氏がメルケル・ドイツ首相とにらみ合っている場面の写真が報じられたことについて、「メルケル首相と私はもともと仲がいい。あの写真はあまり友好的な風景には見えないが、決して我々が互いに怒っている写真ではない。ただ、おしゃべりをしていただけだ。ただ、友好的に声明文が出てくるのを待っていた」と釈明している。

トランプ氏はさらに15日、ツイッターにサミットで撮影された９枚の写真を投稿し、議論のテーブルについたドイツのメルケル首相の手の上にトランプ氏が自分の手を重ね、メルケル氏の笑みがこぼれる場面を紹介、「アンゲラ・メルケル(首相)との関係はすばらしい」と書き込んだ。ほかにも、グラスを手にくつろいだ様子の参加者と一緒に、建物のベランダに並び、笑顔を見せる写真も貼付し、「フェイク（嘘）ニュースを流すメディアは合意に向けた交渉における悪い写真ばかりを取り上げている」とＧ７首脳の不和を強調するメディアを非難した。

では、Ｇ７宣言とはどんなものか。最大の争点、貿易項目は、「自由で、公正で、互恵的な貿易及び投資」をめざすとし、具体的には「市場指向的ではない政策・慣行及び強制的な技術移転又はサイバーによる窃取等の不適切な知的財産権の保護」「市場歪曲的な産業補助金及び国有企業による貿易歪曲的な行動」「鉄鋼の過剰生産能力」を問題視し、新たに強固な国際ルールを構築する必要性を強調している。名指しにこそしてはいないが、問題国は主に中国である。Ｇ７は中国をきちんと標的にしている。

知的財産権侵害は商品や商標の海賊版、不法コピーからハイテクの盗用まで数えればきりがない。おまけに、中国に進出する外国企業には技術移転を強要し、ハイテク製品の機密をこじ開ける。共産党が支配する政府組織、金融機関総ぐるみで国際貿易機関（ＷＴＯ）で禁じている補助金を国有企業などに供与し、半導体、情報技術（ＩＴ）などを開発する。習政権が２０４９年までに「世界の製造大国」としての地位を築くことを目標に掲げている「中国製造２０２５（メイド・イン・チャイナ２０２５）」は半導体などへの巨額の補助金プログラムだらけだ。

中国に対し、Ｇ７で先頭を切って強硬策を打ち出したのはトランプ米大統領だ。上記のサミット宣言は米国の対中政策で日欧が同調することを意味している。ところが、その米国の日欧への鉄鋼・アルミ関税適用ばかりが、サミットの争点になってしまった印象を与えたことは、トランプ氏や、氏周辺のネゴシエーターたちにとっては計算違いだった。だからこそ、トランプ氏は上記の通り、12日以降には懸命になって「米欧対立」「G7内輪もめ」説の打ち消しに奔走したのだろう。

サミット宣言は、「WTOの近代化」なる意味不明の文言を入れている。「二国間，地域的な及び複数国間の協定が，開かれた，透明性があり，包摂的なものであり，かつWTO（国際貿易機関）と整合的であることの重要性に留意」とある。その念頭にあるのはトランプ政権の二国間交渉主義のことだが、WTOが自由で公正な貿易の総本山というのは、とんでもない幻想である。

WTOの貿易紛争処理パネルに提訴された国・地域別件数を見ると、圧倒的に多いのは米国で、中国は米国の3分の1以下に過ぎない。提訴がルール違反容疑の目安とすれば、米国こそが「保護主義」であり、中国は「自由貿易」だという結論に導かれる。習近平中国国家主席はスイスの国際経済フォーラム（ダボス会議）や20カ国・地域（G20）首脳会議などの国際会議で臆面もなく自由貿易の騎手のごとく振る舞っている。トランプ氏がWTOから脱退も辞さないと息巻くのも無理はない。

これまで中国をつけ上がらせてきた原因は、日米欧の甘い対中姿勢にある。産業界が中国市場でのシェア欲しさと、中国の報復を恐れるために、北京には刃向かわなかった。WTO提訴の件数が少ないのは、ビジネス取引で報復を恐れる企業が多いせいでもある。「中国製造2025」の目玉である半導体の国産化プロジェクトについても、半導体製造設備など巨大な関連需要が生じると評価し、歓迎する始末である。

米国もオバマ前政権までは民主、共和党を問わず、中国との「戦略対話」を行い、中国側が小出しに提示する市場開放を評価した。中国の対米貿易黒字が米国債購入に回ればニューヨーク金融市場の安定につながるとみて、米側は対中貿易赤字削減を強く要求しなかった。中国人民銀行は対米貿易黒字で稼いだドルに合わせて人民元発行量を爆発的に増加させてきた。そのカネを国有商業銀行に流し込んで、インフラ、生産設備や不動産開発に融資させ、経済規模を膨らませる。そして経済成長率の2倍の速度で軍事予算を増やす。この資金源を辿るとドルに行き着く。

本章などで詳述したように、膨張中国の脅威に気付いたトランプ政権は対米貿易黒字の2000億ドル削減を要求している。中国のマネーパワーは資本逃避のために実のところ青息吐息で、昨年は対外債務を3000億ドル増やして、やっと外貨準備3兆ドル台を維持できた。２０００億ドル黒字削減を実行させられると、習氏肝いりの中華経済圏「一帯一路」推進どころではなくなる。知的財産権侵害や高度技術流出の抑止策は中国の脅威にさらされる日本やアジア諸国の安全保障上の利益になる。これまで中国に大甘の欧州でも、中国への技術流出、知財無視に警戒感が出ている。

Ｇ７が結束し、対中強硬策で米国と足並みをそろえる条件は整いつつある。

11　習近平氏、虚勢を張る

トランプ米政権は２０１８年7月6日、知的財産権侵害に対する制裁として、中国からの輸入品３４０億ドル分に25％の関税を上乗せする。中国側も同日に同額の報復関税をかける。米側はこのあとさらに１６０億ドル分を追加制裁し、中国側もやはり同じタイミング、同額の追加報復で対抗する。

中国の習近平国家主席・共産党総書記は徹底抗戦する構えだ。習氏は先日、北京で開かれた欧米多国籍企業10社首脳との会合で、「欧米では左のほほを殴られたら右のほほを差し出せ、との考えがある」とした上で、「殴り返すのがわれわれの文化だ」と語ったという（6月26日付けの米ウォールストリート・ジャーナル＝ＷＳＪ＝紙）。

敵が一歩前に出れば一歩下がり、敵が一歩下がるときに二歩前に出るのが毛沢東以来の共産党の伝統戦術をとらない。習氏は一歩も引かないというが、虚勢のように見える。

中国の対米貿易は輸出が輸入を圧倒している。中国の貿易統計で18年5月までの12カ月合計は、対米輸出４５２３億ドルに対し、対米輸入は１６２３億ドルに過ぎない。トランプ大統領はそれを見越した上で、中国が報復すれば、制裁対象額をさらに２０００億ドル追加すると示唆している。

習政権が同額で対抗しようとしても、中国の対米輸入は１６００億ドル程度にとどまる。それでも全面対決するなら米国からの輸入すべてに高関税をかけなければならないが、そうなると中国企業は米国に依存する主要部品や機械設備などのコスト高に苦しみ、収益力や輸出競争力の大幅低下を招く。

報復金額で対抗できないとなると、進出米企業や対米輸入品に対するさまざまな許認可を遅らせるなど、党官僚がいつもよくやる陰湿な嫌がらせを駆使するだろう。さらに、党は得意の大衆動員による米国品不買運動をしかける可能性もあると、ＷＳＪ紙は警戒している。しかし、党独裁体制特有の不透明きわまりない行政や司法の妨害行為や不買運動の市民への強制は米企業ばかりでなく外国企業全体に「チャイナリスク」を自覚させ、対中投資を細らせる。２０１８年6月上旬のカナダでの主要7カ国（G７）首脳会議宣言でも、中国の不当な貿易・投資のルール違反を批判している。

実のところ、中国経済全体を見渡すと、中国は今や米国との貿易戦争に耐えられるほどの体力はない。国際決済銀行（ＢＩＳ）統計によれば中国企業の借金は２０１７年末で20兆ドル、国内総生産（ＧＤＰ）の1.6倍で、米国の同14兆ドル、ＧＤＰ比7割を大きく超える。しかも、企業と金融機関などの外国からの借り入れは年間で２５００億ドルも増やしている。対米輸出が急減し、しかも企業収益が悪化すれば金融危機に陥りかねない。企業の国際競争力を維持し、輸出をてこ入れするためには人民元レートの切り下げに踏み切るしかないが、そうすると、資本逃避が加速し、やはり金融危機の恐れが高まる。

それでも、習政権は対米貿易戦争で屈するわけにいかない。中国市場でのシェア拡張が欲しい米国の産業界や金融資本はもとより、日本や欧州の政官民に対し、ビジネス利権の餌をちらつかせるだろう。

12　米中貿易戦争に日本はどう対応すべきか

米中が制裁と報復の応酬を繰り広げる中、上海、ニューヨークのみならず世界の株式市場がざわつく。世界の国内総生産（ＧＤＰ）の22％相当を輸出または輸入が占める。２０１７年では、世界の輸入市場シェアは米国13％、中国10％強に上る（日本は４％弱）。米中合わせて世界全体の輸入市場の４分の１近くを占めるのだから、経済減速懸念は無理もない。

日本経済への影響はどうか。**グラフ5-5**を見ると、米中への日本の輸出総額は拮抗しているが、製造業国産化に執念を燃やす習近平政権は半導体などハイテクの輸入を抑え、莫大な国家補助金を投じて国有企業をてこ入れしている。日本の半導体の輸出は圧倒的に中国向けが多いが、米国の対中輸入制限は日本の半導体メーカーにとっては対米輸出増のチャンスになりうる。中国向けには製造装置の輸出が増えるだろう。試されるのは企業の柔軟思考だ。

米中貿易戦争で日本がとるべき道筋ははっきりしている。カナダでのＧ７サミット宣言通り、中国の一連の不公正貿易慣行に対し、米欧と共同歩調で厳しく対応することだ。ホワイトハウスが6月19日に発表した「米国と世界の技術・知的財産を脅かす中国の経済侵略」と題した65ページの報告書の骨子はG7の貿易宣言とほぼ同一内容だ。

米ウォールストリート・ジャーナル紙6月21日付けは以下のように解説している。

「報告書はトランプ大統領の通商政策アドバイザー、ピーター・ナバロ通商製造局長が中心になって、何カ月もかけてまとめ、発表前に複数の当局がチェックした。300の脚注と30ページに及ぶ別表が付いており、中国の経済政策に関する幾つもの既存の調査リポートから構成されている」

「ナバロ氏は報告書の狙いは、中国が組織的にさまざまな政策を用いて『至宝とも言える米国の技術・知的財産を手に入れようとしている』という主張の大きな骨格を提示することだ。報告書は中国の「経済侵略」を5つの大きなカテゴリーに分けている。国内のメーカー・生産業者のための国内市場保護、天然資源の支配権確保、ハイテク産業における優位性の追求などだ。そして、サイバー攻撃による知的財産の窃盗や、主に中国でしか手に入らない主要原材料に対する外資のアクセス禁止など、中国政府がこれらの目標を達成するために導入した50余りの政策を挙げている」

G7サミット宣言はナバロ氏の対中観をそっくり受け入れた。「内輪もめ」は表面だけで、

グラフ5-5　日本の対米国及び中国向け輸出

データ：CEIC、財務省　　注：各年5月までの12カ月合計値

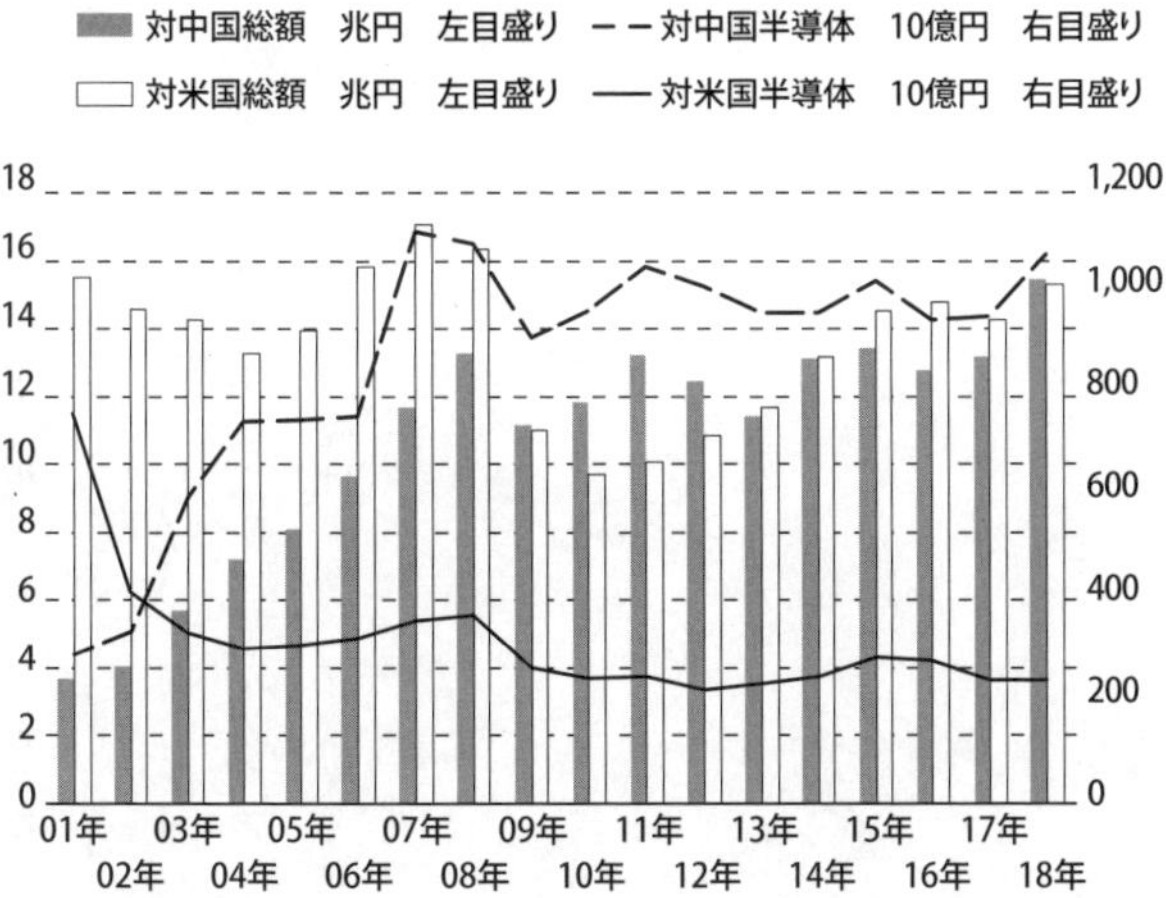

水面下では中国に対する結束で日米欧が一致したのだ。

進め方に問題がないわけではない。サミット宣言は「国際ルール」を強調している。具体的には世界貿易機関（ＷＴＯ）ルールということになるが、ＷＴＯはこれまでの中国の不公正慣行是正に無力だった。国際官僚の寄り集まりのＷＴＯがルールをいじったところで、ルール無視常習犯の中国を従わせられるはずはない。強制力を持つ覇権国米国を守り立てることが先決だ。多国間ルールはあくまでも補完手段と位置づけるべきだ。

日本が対中関係悪化を恐れる必要はない。対米貿易戦争で窮地に立つ習近平政

権は日本をこれまで以上に重視せざるをえない。早い話、カネの面では、対外債務を急増させないと、外貨を確保できなくなっている。対米貿易黒字を2000億ドル減らせば、国際収支は赤字に転落しかねない。輸出挽回のため人民元を切り下げると、巨額の資本逃避が起きる。習政権は日本との通貨スワップ協定締結を急いでいるが、金融市場危機に備えるためだ。安倍晋三政権はトランプ政権と対中戦略をすり合わせながら、毅然と習政権に対峙するだろう。

第6章　貿易戦争は「人民元対ドル」戦争を誘発する

1　ドル帝国と人民元

中国共産党は1949年の中華人民共和国建国以来、人民元を基軸通貨米ドルに一定のレートで固定または連動させてきた。それこそが中国をして世界第2位の経済超大国にのし上げたと言っても過言ではない。

そもそも米国がどうやってドルの帝国を築くに至ったのか、中国共産党は、いかにして人民元と米ドルとの接点を構築し、その接触範囲を広げていったのか。毛沢東時代から習近平政権までの約70年間の経緯をざっと振り返ってみよう。

1929年に始まった世界恐慌で世界の金本位制は崩壊したが、第二次大戦後は米ドルを金と並ぶ国際通貨とし、各国の通貨をドルと連動させる国際通貨体制となった。44年7月に米ニューハンプシャー州のブレトンウッズに連合国44ヵ国が集まって締結されたこの国際金融・経済体制を「ブレトンウッズ体制」（金ドル本位制）と言う。30年代から40年代にかけて大戦で疲弊していたヨーロッパやアジアを尻目に、アメリカは圧倒的な経済力を誇り、世界中から金が集まった。そんなアメリカの通貨ドルは、金と同様の価値があると見なされたのである。ブレトンウッズの会議では、国際通貨を支える機関として国際通貨基金（ＩＭＦ）も創設された。

こうして戦後のブレトンウッズ体制では、アメリカだけが外国に対してドルと金の交換を保証した。日本円、英ポンド、西独マルク（当時）など主要国通貨はドルとの交換レートを固定することで、ドルを媒介すれば金との交換が保証される仕組みになったのだ。ドルは主要国通貨のアンカー（碇）というわけで、原油、穀物から株式などの金融商品にいたるまで、国際的な取引はドルで表示され、決済されるようになった。これが基軸通貨ドルの体制である。

金との結びつきを断っても、ドルが金との交換制のもとで築いた基軸通貨の地位は無二無双、不動の世界の標準通貨である。独マルク、英ポンド、仏フランや日本円など主要国通貨の価値はドルで表示される。ドルはあくまでも物差しであり、物差し自体は不変でなければならない。メートル表示の物差しの目盛りが不変であるのと同じように。

かたや中国は、１９４９年10月の建国当初、外国為替（以下、外為）は天津、上海、広州など各地に取引所があったが、外貨との交換レートは場所によってまちまちだった。新政府は50年４月に全国の外為取引所の閉鎖を命じ、人民銀行が統一レートを決めて統制する仕組みに一本化すると、翌年には完全に浸透した。人民銀行は統一外為レート決定に際し、ドルを基準にしながらも、外圧を排除して独自の判断でレートを決めるという自主独立路線をとった。２０００年代に入り、アメリカからの度重なる人民元切り上げ要求に対して中国がかたくななまでに拒否したゆえんである。

86年の中国国家外為管理局編『外為価格ノート』によれば、49年当時の1ドル当たりの年平均ドルレートは、天津が３８５４元、上海が５７６６元というふうに大差があったが、50年はそれぞれ３万４１１４元、３万３３１２元と収斂しはじめ、外為統一が完全に実行された51年には２万２７５７元に切り上がった。そして対ドルレートは物価指数にほぼ完全に連動するようになった。

こうして人民元や物価が安定し、工業生産、貿易も急速に回復しつつあった新中国の経済を襲ったのが、朝鮮半島の主権をめぐって勃発した朝鮮戦争だった。50年6月、北朝鮮軍が奇襲攻撃によって38度線を越境して南進、韓国軍を打ち負かしてソウルを占拠した。東西冷戦のさなか、10月に韓国軍とアメリカ軍を中心とした国連軍が38度線を突破して北朝鮮側に北上するに及び、中国は人民解放軍を「義勇兵」として派遣、鴨緑江を越えて参戦するに至る。そのため、中国の在米資産は凍結され、経済封鎖を受けることになった。

その後中国は、72年の米中国交正常化まで、人民元の標準レートを英ポンドに固定した。米ドル建ての資産はアメリカ政府に接収される懸念があり、ドル建ての決済は避ける必要があったのだ。だが中国は、裏帳簿で米ドル標準にしていたフシがある。

67年11月、国際収支が悪化していたイギリスはポンド危機に直面し、対ドルレートを1ポンド＝2.8ドルから15％近くも切り下げ2.4ドルとした。ところが中国は、対ドルレート2・461を堅持した。中国はアメリカとの経済断絶にもかかわらず、現実的な世界経済の動向をかんがみて、表向きはともかく、裏では米ドルを基準にしていたことがうかがえるのである。基軸通貨ドルを基準にすることで、ドルを充分利用するという「敵の武器で戦う」毛沢東の戦略といえよう。

この基盤があったからこそ、人民元は70年代の米中国交回復後、一貫してドル本位の体制を発展させることができた。71年7月、翌年訪中することを電撃的に発表した当時のニクソン大統領は、その1ヵ月後の8月にドルと金の交換停止を宣言した。いわゆる「ニクソンショック」である。そして72年2月21日、世界中が注目するなかで中国を初めて訪問したニクソン大統領は、毛沢東主席や周恩来総理と握手を交わしたのだった。

2　ニクソンショックと米中国交正常化

話を朝鮮戦争に戻す。3年に及んだ戦争は1953年7月に休戦に至り、同年9月には中ソ経済援助協定が調印された。50年代の中国は、主にソ連および東欧などソ連の影響力が強いルーブル圏との貿易を進め、それが中国社会主義建設の原動力になった。

しかし、60年6月に中国とソ連の共産党がイデオロギー論争の末に決裂すると、翌月ソ連は、中国に派遣していたソ連技術者・専門家1390人の引き揚げを通告。10月には国際金相場が高騰したのを機に、ソ連側がレートの変更を要求した結果、中国は対ソ貿易で極端なまでのダメージを被ることになった。こうして60年代の中国社会主義経済は大きく揺れ、経済システムの破壊が進行したのだった。

その頃、西側世界では、基軸通貨ドルの流通によって大戦で荒廃した西欧諸国の復興が進み、各国は輸出の増加で外貨準備としてのドル保有量が増えていった。なかでもアメリカに対して挑戦的だったフランスのドゴール大統領は、手持ちのドルを約束通り金に交換するようアメリカ政府に要求し、米ケンタッキー州フォートノックスの合衆国金塊貯蔵所に保管されていた金塊を軍用輸送機でパリに運び出すに及んだ。

金準備が底をつくと恐れたアメリカのニクソン大統領は、71年8月15日、「金ドル交換停止」と輸入課徴金を柱とするドル防衛策を電撃発表した。このニクソンショックのニュースは、今から40年以上も前、駆け出しの経済記者だった筆者にとって、大きな衝撃だった。ニクソン大統領のこの一方的な宣言によって、固定為替相場制度は終焉することになり、ブレトンウッズ体制は事実上崩壊した。

じつはこの年の7月、大統領補佐官だったキッシンジャーが特使として北京を極秘訪問し、周恩来首相との間でニクソン大統領訪中の合意を得ている。英ポンドを通じて非公式に米ドルに人民元を固定してきた中国もまた、国際通貨の激動に巻き込まれ、経済面でも開国に向かうことになったのである。

ニクソンショックによるドルと金の交換停止後、日欧の主要国通貨は変動相場制に移行した。しかし同年12月にワシントンDCのスミソニアン博物館で10ヵ国蔵相会議が開かれ、固定相場制が維持されることになった、すなわち、金1オンス＝38ドル、輸入課徴金廃止、1ドル＝308円への切り下げなど、通貨の多角的調整で固定相場制に戻すという「スミソニアン合意」である。しかしスミソニアン体制は長続きせず、不安定だったこの枠組は73年2月に崩壊、翌月には日欧とも変動相場制に移行して現在に至っている。

また85年9月、アメリカ、イギリス、西ドイツ、フランス、日本の先進5ヵ国（G5）は、協調して為替レートをドル安に進めるという「プラザ合意」を決定した。これは私が経済ジャーナリストとしてニクソンショックに次いで衝撃を受けたできごとだった。当時ワシントンDC駐在で、たまたまニューヨークに出張していた筆者は、会場のプラザホテルに駆けつけた。身長2m近い大男のボルカー氏（当時米FRB議長）が仁王立ちになって、背比べをしておどける小柄な竹下登氏（当時大蔵大臣）を見下ろしていた光景は忘れられない。プラザ合意発表の翌日、ドル円レートはたった1日で1ドル＝235円から約20円下落し、1年後にはほぼ半値の120円台になった。この急激な円高により、日本経済は不況に陥った。

3　対ドル連動に徹する

円とは対照的に、人民元は外圧を免れ、対ドル連動に徹した。朝鮮戦争以降しばらくの間は、制度上は英ポンドにリンクし、対ドルレートを固定してきた中国は、スミソニアン合意に合わせて外為管理の再調整に踏み切った。1972年から採用したのは「バスケット制」である。バスケット制は、主要国通貨のうち中国との貿易の比重の高い日米欧10ヵ国と、マレーシア・リンギットおよびシンガポール・ドルの合計12ヵ国通貨を貿易額によって加重平均し、前日の国際為替市場での相場をもとに、人民元の対ドル相場を算出するというものだ。

このバスケット制では、米ドルが主要国通貨に対しておしなべて弱くなると、人民元は対ドルで強くなる。しかし、人民元の年平均対ドル相場を切り上げた。78年からの改革開放路線で貿易額は急増を続けたものの、慢性的な外貨不足と貿易赤字に苦しむようになった。そこで81年からは、バスケット制による公定レートとは別に、貿易決済用の内部調整レートを設定する二重相場制に移行した。81年の公定レートは1ドル＝1・704元なのに対し、輸出入決済レートは60％以上割安の2.8元として貿易に適用したのである。

人民元は、統制物価のために外国との物価の差を反映しておらず、かなり割高であったため、貿易部門だけでも内外価格差を埋める二重価格制は、50年代の閉鎖的統制経済と80年代の開放体制の落差を補うための苦肉の策だったのだ。こうして貿易収支は82年には黒字に転換したものの、輸入需要の拡大で85年には巨額赤字に転じた。

そこで中国政府は、国際収支の均衡回復を目標に新たな二重相場制度に踏み切った。貿易用の内部決済レートを廃止し、それに代わる外為調整レートを設定、人民元の公定レートは調整レートを後追いするように段階的に切り下げを進めることにしたのだ。85年1月には1ドル＝2.8元だったのが、10月には3.8元に切り下げた。

中国は、公定レートはバスケット制によるという建前を90年代に入っても維持していたが、91年からは「管理変動相場制」に移行した。これはその名の通り、「管理」と「変動」の二つの要素がある。対ドルの基準レートを中心に上下0.3％の狭い変動幅に管理し、国際収支などの状況を見ながら基準レートを変更する。

そして、97年の香港返還とアジア通貨危機を機に、1ドル＝8・27元台に固定した。ドルに対してはレートを固定するが、他の主要通貨に対してはレートを変動させるという仕組みなので、IMFの定義では「対ドル連動制」またはドルに釘付けするという意で「ペッグ制」と呼ばれるものなのだが、中国当局の建前は、あくまでも管理変動相場制である。

管理変動相場制のもとでは、外為取引を経常収支（モノの貿易や、運輸・旅行などのサービス取引、および投資収益の移転）に限定するが、中国が変動相場制に移行するためには、経常取引以外の資本取引の自由化を伴うことになる。

アメリカは基軸通貨ドルを持ち、ドル建ての金融商品・証券が市場にあふれている場合、金融・資本取引に制限をなくすほうが世界のカネをニューヨークに引きつけ、金融・証券業が栄え、財政も対外収支も赤字であっても経済は栄える。

中国はその対極にある。数億人もの潜在失業者と社会主義の残滓だらけの国有企業を抱えながら、バランスのとれた経済成長を持続するためには、外資を呼び込み、製造業を発展させ、世界に販路を求めなければならない。そのために、基軸通貨ドルに連動させている。

1971年8月のニクソンショック以来、米ドルは何のモノの裏付けもない借用証書に成り下がった半面、金の足かせから解き放たれた。ドル札は、株券やその他市場で取引される証券と同じ信用証書に過ぎない。現ナマのドル札であるかどうかなど、もはや意味はない。株式でも金融商品でも、市場で流通する金融資産がドルで表示されている限り、ドル札にいつでも交換できる。証券類はドル札やドル預金と同等に、つまり「マネー」に転化したのだ。金融機関の主役は、預金を集める銀行から証券類を扱う証券会社へと交替していった。

70年代初めから、ニューヨークのウォール街では証券業を中心に金融革命が徐々に起こり、80年代には金融市場の自由化が進んだ。90年代になると金融商品は多様化し、21世紀に突入するや爆発的に増殖していく。

たとえば、住宅ローンは銀行の個人に対する債権で、それ自体は個人の家計簿と銀行の帳簿のなかにとどまる。ところが、金融機関が不特定多数の住宅ローンを加工して金利、元本と切り分け、組成すると証券に生まれ変わる。証券になれば市場で自由に取引され、換金できる。株式や国債と変わらない信用証書である。さらに価格変動のリスクを対象にする保険商品が開発され、種類も多様化する。これが新しい金融商品「デリバティブ（金融派生商品）」である。

つまり、アメリカはドルと金《きん》の絆を断ち切ったことで、証券市場が革命的な進化を遂げてきた。換言すると、マネーのパラダイムシフトが起きたということだ。アメリカは株式や公社債にとどまっていた金融商品の幅を無限に広げることで、世界から余剰資金を集め、基軸通貨の地位を維持できるシステムを築き上げ、世界に君臨するようになるわけである。

皮肉なことに、ドルではない国際通貨は国際的に通用するがゆえに、大きな悩みを抱えるようになった。ドル以外の国際通貨はすべて「商品」と化したことだ。変動相場制なのだからマルクも円も相場が変動するのは当然なのだが、変動するのはドル自体ではなく、マルクや円の対ドル交換レートが変動する。したがってアメリカ以外の国々は、対ドル相場の安定のために財政や金融政策で腐心するしかなくなった。

一方、人民元は中国内でのみ通用する紙片なのだが、ドルにペッグすることで、ドルで価値が表示されるという次元では、マルクや円などと同列になった。しかし、人民元は国際的に取引されることがないので、北京は安心して人民元の対ドルレートを固定し、78年からは輸出主導と外資導入による改革開放路線に邁進するようになった。少なくとも人民元は中国では一定のレートでの交換が保証されているから、輸出企業も外国資本も為替変動による損失リスクを気にしなくて済む。

つまり、人民元はその閉鎖性ゆえに、日本円と違って国際商品として投機筋に翻弄されることもなく、中国の国力増強を担っていく。かたやアメリカは、中国市場に産業界の活路を求めると同時に米国債を売り、その代わりに中国製品を買いつけるという相互依存関係が進化していったのである。

4 「社会主義市場経済」の指南役は米国

１９９７年7月の香港返還を機に中国共産党幹部や国有企業幹部らが香港で学んだことは、株式が現金と同等の価値があると同時に、手っ取り早い資金調達手段であることだ。資本主義の歴史を振り返ってみればいい。近代資本主義の本家、ロンドンの金融市場は、株式と紙幣が一体となることで急速に発展していった。英ポンドの発券銀行であるイングランド銀行は、１６９４年に民間会社として設立された。同銀行は貨幣発行独占権をイギリス王室から付与され、株式を発行して集めた資本をもとに紙幣を発行した。この貨幣制度の確立とともに、国債市場も整備されている。

ともあれ、市場で値がつき、売買され、現金化される株式は、株価が上昇すれば現金を上回る価値が約束される。株価上昇とともにイングランド銀行は信用され、金や銀の裏づけなしに存分に紙幣を発行できた。まさしく、無から貨幣を創造する錬金術が株式システムなのである。

こうして「パックス・ブリタニカ」と呼ばれる大英帝国が築き上げられたわけだが、イングランド銀行の設立から３００年後、株式市場を舞台にした錬金術をフルに活用するのは、「社会主義市場経済」を名乗る中国になった。株式市場の利用の仕方について学び、実践する場が香港なら、広く国際的に株式市場を活用するように導いたのは、他ならぬ株式資本主義の総本山アメリカである。アメリカは、中国の資本主義の教師であり続けた。

中国共産党の指導者は、訪米する度にニューヨーク証券取引所に出向き、取引開始合図の鐘を鳴らすのが恒例だった。97年10月には江沢民国家主席が、胡錦濤総書記（国家主席）も中国実力者ナンバーワンになることが確実視されていた副主席時代の02年4月に開始の鐘を鳴らし、03年12月に訪米した温家宝首相も胡錦濤総書記に続いた。

中国共産党がニューヨーク詣をする背景は、中国本土市場の低迷があった。上海と深圳では91年から株式の取引が本格的に始まったが、国有企業不正取引が横行し、財務内容も不透明で、大量の不良資産を抱えていた。

国有企業の多くは、まず上場基準の緩い香港市場を踏み台にし、次に世界の株式市場の中心であるニューヨーク市場を目指す。ニューヨークの上場基準は香港に比べてはるかに厳しく、財務内容の公開を迫られる。上場基準を満たすためには財務体質を大幅に改善する必要があるので、国有企業・国有金融機関の改革が加速する。次には、新規上場による莫大な利益が手に入り、そのドル資金は国内のリストラ、不良債権償却の財源になる。この「一石二鳥」を見込んで、中国共産党指導部は03年からニューヨーク市場を、それができなくても香港への上場を促してきたのだ。

香港市場は同じ中国の一部であるし、成長力のある中国企業を歓迎する。ニューヨーク証券取引所も世界のセンターとして新顔を引き入れ、投資家の関心を引こうとした。何よりも、中国で大いに稼ぐアメリカ系投資銀行（証券会社）、大手会計事務所が、これら中国企業の指南役となっていた。

ところが、ニューヨークの土俵に上がってみると、厳しい投資家の視線とチェックにさらされることになった。アメリカは、1999年から2000年に起きたエンロン、ワールドコムの不正会計事件を受けて、02年に「米国企業改革法」（略称SOX法）を制定し、投資家保護を最優先とすべく企業会計の透明性を高め、企業統治の規則や監査制度を大幅に強化していた。違反企業は厳しく罰せられ、市場から永久追放される。投資家からの提訴に遭う恐れが頻発すると縮み上がる日欧企業も出るほどで、ましてや政治的な操作に慣れてきた中国国有企業にとっては超え難い障害として映ったに違いない。

結局、北京はニューヨークに見切りをつけて、香港と上海の市場に的を絞ることにした。上海でのやり方は、17世紀末のイギリスと基本的に変わらない。貨幣を創造することで株式ブームを創り出すのだ。

まず、発券銀行である人民銀行は貨幣（人民元）の市中向け供給を大幅に増やす。党中央の指令に基づき、中央銀行である中国人民銀行は低金利を維持し、証券会社や商業銀行が資金調達する短期金融市場に資金供給する。国有商業銀行は国有企業に積極的に融資する。国有企業幹部は党の指令が株式市場のテコ入れだというので株式投資に躍起となる。

こうして06年には、株価の値上がりを見て、個人の間で株式ブームがにわかに沸き起こった。「株民」と呼ばれる大衆は熱中し、住宅ローンを借りると称したり、マイカーやマイホームを抵当に入れてまで借金し、株式投資に走るようになった。

株価の上昇とともに不動産ブームも巻き起こった。こうして、株と不動産の相場は連鎖しながら上昇を続けていき、果ては、不動産バブルの状況を呈するに至るのだが、株と不動産のブームは人民元というカネの増殖によって出現する。

５　暴走する「中国共産党株式市場」

イギリスの経済学者ケインズ（１８８３〜１９４６）は、１９２９年の大恐慌後に書いた『雇用・利子および貨幣の一般理論』で、「ニューヨークにおいては、投機の支配力は巨大なものである。（中略）この国民的な弱点は株式市場の上にその因果応報を表している」と嘆いた。ケインズは、当時のアメリカ資本主義を「賭博場の活動の副産物」と評し、バブル崩壊が経済全体を壊すと警告した。当時、世界の中心に躍り出たニューヨーク市場は、インサイダー取引などの不正行為が蔓延しているにもかかわらず、公の機関による監視はほとんど機能していなかった。企業会計もずさんで、不透明で不公正な投機が横行していたが、投機は荒っぽい市場経済の発展の源泉だった。中央銀行の米連邦準備制度理事会（ＦＲＢ）も市場の過熱を制御することができなかった。

現代の中国の株式市場を見ると、ケインズの指摘した「ニューヨーク」を「上海」に置き換えてみたくなる。だが、「社会主義市場経済」の中国の株式制度はもっと脆弱である。「中国共産党株式会社」は、ひたすら暴走するだけで制御する術がない。市場機能が正常に働いていれば、需給が逼迫し、インフレになって金融が引き締められる。金利の上昇によって株価や地価は下がる。ところが、中国ではこの金融市場の機能が欠如している。その代替策が党中央指令だが、地方は言うことをきかない。開発を強行する地方政府に対し、少ない補償で強制的に立ち退きを迫られた住民や農民が起こす暴動が、１日当たり数件も起きているゆえんである。

中国における汚職・腐敗、公金横領、浪費的投資の蔓延、不良債権の膨張と環境破壊は際限がない。世界銀行の推計によると、90年代の固定資産投資の約３分の１がクズになった。中国人民銀行の報告では、２０００～01年の銀行不良債権のうち、約60％が政治利権絡みの融資によるという。

２０１２年秋に党総書記に就任した習近平氏は、「ハエもトラも叩きつぶす」という党官僚・幹部の汚職摘発に乗り出した。投資や金融関連の利権や株式や不動産市場を舞台にした不正蓄財は長年の共産党体制の負の副産物で、胡錦涛政権時代でも「共産党体制存続に関わる」との危機感を一部の党幹部が抱いたほどだったが、党幹部と属する派閥はことごとく一族が不正に関わっていることから、取り締まりは小物ばかりにとどめていた。習氏は大物も摘発したが、摘発したのはライバル派閥ばかりで、自身の派閥にはほとんどおとがめなしだ。それでも大物の摘発は党が支配する新聞やテレビで大々的に報じられ、大衆の喝采を浴びている。習氏は「国民の支持」獲得という形で党内の政治基盤を固めた。

6　ドルを食って太る人民元

まずは、グラフ6-1を見よう。リーマン・ショック後の、人民元とドル発行増加額の推移である。厳密には、アメリカの中央銀行にあたるFRBと中国人民銀行が08年10月以降、どれだけ資金供給（マネタリーベース＝MB）を増やしてきたかを表す。人民元のMBはその時点ごとの交換レートに基づき、ドル換算した。すると、一目瞭然、人民元の供給はドルのそれと連動し、規模も11年から3年間ほど一致する局面があった。中国はあたかもワシントンと示し合わせたように資金供給しているかのようにみえる。

人民元の対ドル変動幅は当初の前日比0.3％から徐々に拡げ、14年からは同2％としたが、市場管理によってドルに人民元を連動させる「管理変動相場制」を堅持している。もし中国がドルの発行とは無関係に人民元を増発すれば、人民元の信頼性が揺らぐ恐れがある。しかし、人民元には流入するドルの裏付けがあるのだから、信用が保たれる。

グラフ6-1　ドルに合わせて人民元を発行する中国（兆ドル換算）

データ：CEIC

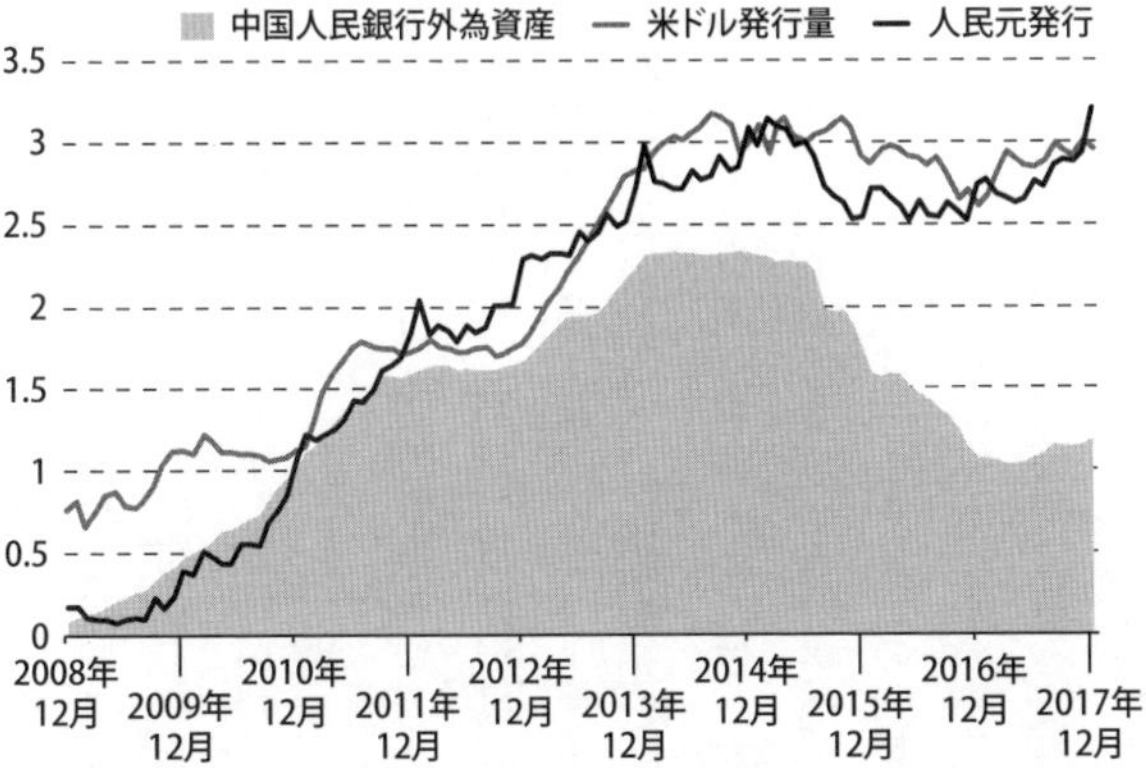

リーマンショックで輸出部門が大打撃を受けるや、胡錦濤総書記（当時）は大号令を発し、国有商業銀行に融資を一挙に3倍も増やさせて高度成長軌道に回帰し、２０１０年には日本のＧＤＰを抜き、世界第2位の経済超大国に躍り出た。次の習近平政権は軍拡と南シナ海への人工島建設など海洋進出、ユーラシア大陸から中近東、アフリカ東部までを網羅する中華経済圏「一帯一路」建設に打って出た。その資金源になっているのが、中国人民銀行であり、もとをただせばワシントンのＦＲＢ本部に行き着く。

　米国の歴代政権はその人民元膨張政策に対し、妥協を繰り返してきた。対中強硬策を打ち出したトランプ政権も対中貿易戦争に踏み出したが、通貨問題には貿易不均衡是正の観点の範囲内にとどめている。

人民元パワー増長の秘密はその対ドル連動性にあるのだが、歴代政権は対中貿易赤字削減のために対ドル・レートの切り上げを求めても、人民元の管理変動制をやめさせ、自由変動相場制への移行を要求しないのだ。

エピソードを紹介しよう。

ブッシュ政権当時、同時中枢テロ「9・11」直前の2001年9月10日、北京を訪問したオニール財務長官（当時）は江沢民国家主席（当時）らと会談した。オニール氏は貿易不均衡を問題にする米議会のシューマー議員ら対中強硬派による中国の為替操作批判を受けて、北京に乗り込んだ。主要議題は人民元制度だ。「人民元はいずれ変動が許されるようになるでしょうが、ちょっとだけ、大幅になり過ぎないほどに」との中国の財政相の説明にオニール長官はうなずいた。そこで長官と江主席は「辛抱強く一緒にやりましょう」と一致したという（オニール長官の回想記「忠誠の代償」から）。

北京は05年7月21日には人民元の小刻みな切り上げと対ドル・レートの前日比0.3％の変動を許容する管理変動相場制に踏み切った。実は党中央は前年末に切り上げを決め、05年2月の旧正月明け実施を予定していたのだが、ワシントンの切り上げ要求の高まりをみて実行時期を5カ月後にずらした。「米国の圧力に屈しない」という面子と建前にこだわったからだ。半面で、北京はワシントンと緊密な協議を続け、6月末にスノー長官に事前通告した。オニール氏の後任、スノー財務長官（当時）は7月1日にグリーンスパン連邦準備理事会議長（当時）とともにシューマー議員ら強硬派と秘密会合を開き、中国側の意向を伝えた。同議員らは5月に提出済みの対中制裁法案の7月採決を年末まで延期すると発表した。そこで北京は「自主的な人民元改革」を発表した。

オバマ政権の2010年4月12日、ワシントンでの核安全保障サミット（首脳会議）の場で、オバマ大統領と胡錦濤国家主席は約1時間半の会談を行なった。オバマ大統領が「より市場実勢に基づいた為替相場へ動くことが重要だ」と人民元の切り上げを要請したのに対し、胡主席は「外部の圧力で推進することはあり得ない」として「自主的な判断」を強調した。翌日のサミット終了後の記者会見で、オバマ大統領は「通貨政策や金融政策が国際的な圧力によって決定されることに抵抗していると思う」と、中国に配慮した。当時、米金融市場はリーマンショック後の後遺症で不安が漂う。中国政府は世界最大の米国債保有者で、09年のオバマ政権発足後、最初の訪問国に中国を選んだヒラリー・クリントン国務長官は「米国債最大のスポンサー」中国を怒らせないよう、中国の人権違反問題提起を避けた。

2017年発足のトランプ政権は「米国第1主義」を掲げ、巨額の対中貿易赤字是正を中国側に迫るのだが、通貨問題には歴代政権と同じく、本格的に踏み込もうとはしない。しかし、貿易戦争は通貨戦争へと発展する可能性が十分ある。

トランプ氏の対中通商政策を企画しているホワイトハウスのピーター・ナバロ通商製造政策局長はその著書、「攻撃姿勢をとる中国の軍国主義」（原題「*CROUCHING TIGER WHAT CHINA'S MILITARISM MEANS FOR THE WORLD*」2015年刊）で、「私たちは中国製品を買うたびに、中国の軍事力増強に手を貸している」と、中国の対米貿易黒字を軍拡に結びつけて論じ、中国に自国通貨の操作を許せば、中国は予算留保を増やし、そのカネでアメリカを打ち負かすための兵器システムを外国から買う。そんなことが毎年のように起きている」との米国の専門家の見方を紹介している。

貿易、安全保障に人民元為替制度が密接に関連している以上、米中摩擦は、貿易面にとどまるはずはない。

アメリカ側は、世界が「変動相場制」になっているからこそ保たれる基軸通貨ドルの座は譲れない。一方、新中国建国以来、ドルに対する人民元の「連動相場制」によって基軸通貨国同様の利益を得ることが、中国には遺伝子として組み込まれている。

ヨーロッパはドルに振り回されるのを嫌い、ドイツとフランスが中心になって共通通貨ユーロを創設し、ギリシャなど周辺国を組み込んでドルに対抗する一大通貨圏に発展させた。しかし、アメリカ発金融危機のあおりでギリシャ国債は暴落し、ユーロ圏は分裂の危機に見舞われた。ドルはその本質において、変動しない通貨の存在を許さないのだ。

アメリカは、ドルを自由に発行することで世界に軍事基地を張り巡らせて、物資を調達する。石油もドルさえ刷れば手に入る。米国債、米企業株式、住宅ローン担保証券などの金融商品は何でも自由に買えるドル建てになっているからこそ、中国に限らず世界の投資家が飛びつく。

ドルが過剰になれば、ドル暴落の危機が発生する。この時にアメリカがとるべき本来の役割は、金融を大幅に引き締め、金利を引き上げることだが、それはアメリカ本国の不況や失業などの犠牲を伴う。それを避け、ドルを軟着陸させる唯一の方法は、相手国の通貨を政策的に切り上げさせることだ。アメリカは、変動相場制に相手を巻き込むことで、ドル暴落不安の解消の義務を相手国に負わせている。日本など相手国にとって、ドル暴落は超円高を意味するのだから恐怖である。アメリカはそれを逆手にとる。それがドル基軸通貨体制堅持のからくりである。

中国だけはアメリカの戦略に乗らない。自国通貨を管理し、時には固定する中国は、ドル基軸通貨体制にとって鬼っ子のようなものである。それどころか、最大の債権国として米金融市場の生殺与奪を握るところまで来た。あるいは貿易黒字によって貯め込んだドルで、アフリカやイラン、中南米の油田を買収する。米欧日に企業買収攻勢をかける。言わば、敵の武器で戦う毛沢東の戦術そのもので、ドル体制を利用して旨味だけはすする。

そして、ドルにぴったり張り付く中国というコバンザメの図体(GDPサイズ)は、1995年には米国の10分の1以下だったのが今やアメリカの63％（2017年）にもなった。

水面下で繰り広げられている米中間の通貨摩擦の深層を探ると、「通貨戦争」と呼べるほど対立の根が深い。ギリシャ危機が物語るように、通貨問題は一国の命運を左右するうえに、全世界を巻き込むことが多い。欧州共通通貨ユーロの一員であるギリシャの場合は、独仏を中心とする国際的な支援により危機管理が可能だが、基軸通貨ドルのアメリカと13億人を一つにまとめる共産党の通貨、人民元の相克は、誰も止めようがない。どちらかが相手を打ちのめす以外、最終決着の方法はない。米中の通貨戦争は貿易戦争によって誘発され、中国共産党が人民元の変動相場制移行に踏み切るまで続くだろう。

第7章　習近平 対 仮想通貨

1　習近平氏の野望にたちはだかるビットコイン

ビットコインに代表される仮想通貨は情報技術（IT）革命と金融のグローバリゼーションの潮流に乗り、国境を越えて動き回る無国籍の乱暴者だが、悪玉ではない。対極に位置する通貨が、既存の国際通貨体制に便乗して膨張し続け、世界に脅威をばらまく中国共産党通貨、人民元である。習近平政権はマネーパワーをテコに世界覇権を狙う。その野望に対し、自由極まる仮想通貨が立ちはだかる。日本としては、仮想通貨取引の信頼性を高め、世界での普及を後押しすることが、金融効率化のみならず、安全保障の面からも求められよう。

習氏最大の「敵」は1500種類ほどある仮想通貨の中で最大の取引高を持つ「ビットコイン」である。それがいかに中国を脅かしているかは、**グラフ7-1**を見ればわかる。

主要通貨別に交換、取引されるビットコインは、2016年秋から17年初めまでは対人民元取引が圧倒的なシェアを持っていた。16年12月時点ではドルのビットコイン取引はビットコイン・人民元取引の2％程度に過ぎなかった。人民元取引は中国国内での取引

グラフ7-1 人民元によるビットコイン（BTC）取引高と中国の外貨準備（単位：億ドル、月）

データ：cryptocompare.com、CEIC

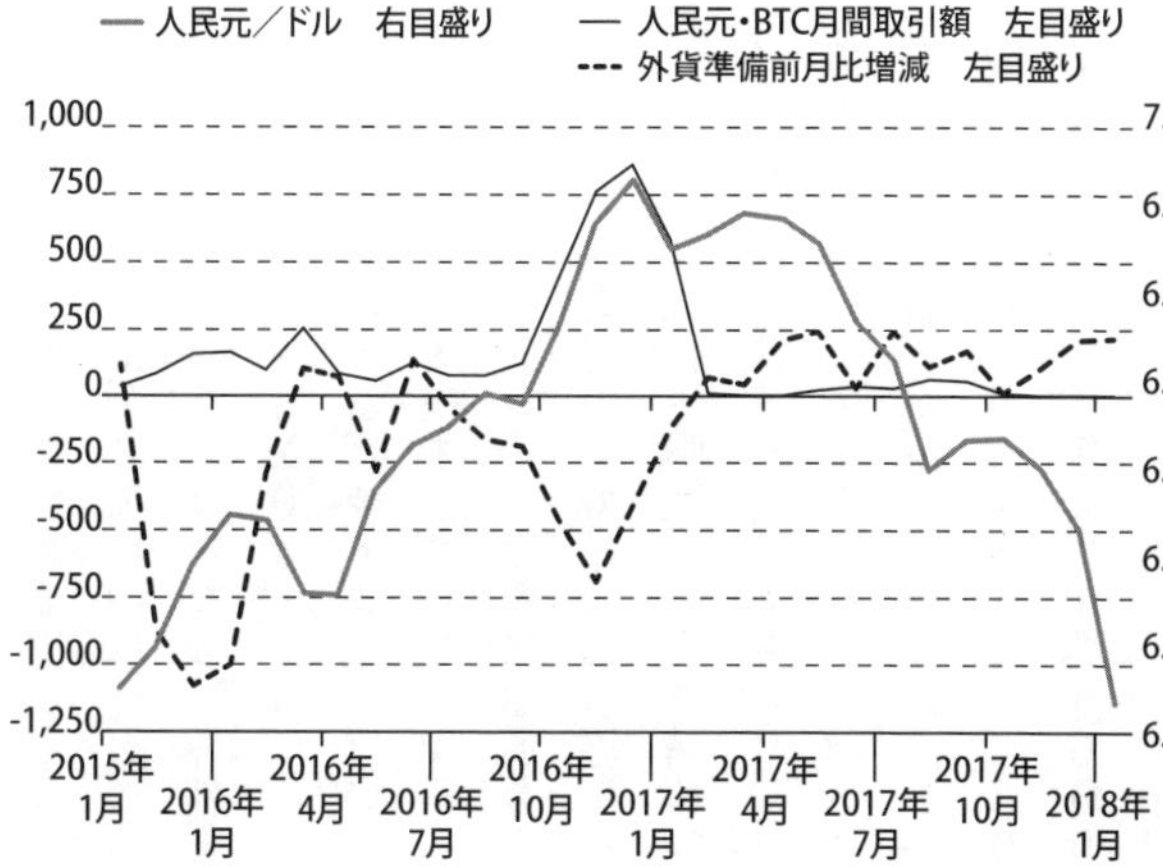

が中心で、共産党幹部とつながりを持つ富裕層の中国人投資家が殺到して人民元をビットコインに交換した。ビットコインは当局による厳しい資金流出規制を容易にすり抜けてしまう。16年年間では３３３０億ドル相当額が取引され、このうち同年後半だけで３０４４億ドル相当に上った。取引には人民元からビットコイン、逆に、ビットコインから人民元への交換の場合も含まれるが、人民元ではなく外貨を好む中国人の傾向からみて、大半は人民元売りによるビットコイン投資とみておかしくない。

からくりはこうだ。人民元はビットコインに変身したあと、ドルなど外貨に交換される。即ち、中国からの資金流出となり、人民元が外国為替市場で売られる。人民元交換変動幅を前日比で上下2％以内にとどめるよう、市場に介入する中央銀行の中国人民銀行は人民元の大幅下落を避けるために、外貨準備を取り崩すはめになる。2016年の前年比外貨準備減少額は3200億ドル。年間で3330億ドル相当のビットコイン取引のうち大半は人民元によるビットコイン買いと推定されるので、外準急減の元凶はビットコインだと習政権が重大視するはずだ。

中国の投資家がビットコイン投資に血道を上げる背景には人民元安がある。習政権は輸出主導による景気拡大を狙って元安に誘導したが、それを嫌う預金者がビットコインに着目したわけだ。外準は世界最大でピーク時の14年6月には4兆ドル弱、17年末は3.1兆ドルに上る。それに対し、中国の現預金総量はドル換算で17年末25兆ドルに上り、米国の2倍、日本の3倍近い。このマネーの1割がビットコインに置き換わるだけで、3兆ドル余の外準の大半が消失する恐れが生じるわけだ。しかも**グラフ7-1**が示すように、人民元・ビットコイン取引高は16年12月の1週間だけで300億ドルを超えた。そのペースが続けばひと月間で1200億ドル、年間で1兆4000億ドルの外準が減りかねない。

それだけ巨額の資金が流出すれば、人民元売り圧力はすさまじく、人民元相場をがんじがらめに規制する現行の為替管理制度は持ちこたえられなくなり、人民元は暴落する。すると、金融市場ばかりでなく共産党指導による中国経済全体が崩壊の危機に直面する。

習政権の対外膨張戦略は、巨大な人民元資金と外準が担う。外貨不足や財政難に陥っている国を狙って借款を供与し、インフラ整備、エネルギー開発投資をもちかける。中国製品を売りつけ、中国人労働者を大量に送り込む。東南アジア、南アジア、中央アジア、アフリカ、中南米への投資や経済支援を約束し、現地の政権を親中派に取り込む。債務が払えなくなれば、インフラや不動産を接収する。

新シルクロード経済圏の美名で呼ばれる習氏肝いりの「一帯一路」はそうした勢力圏拡大シナリオのきわめつけである。中国主導の国際開発銀行、アジアインフラ投資銀行（AIIB、本部北京）はこの外準を見せ金にして主要国を参加させ、国際金融市場で外貨を調達することが目的だ。

習政権は巨大な外貨資産を裏付けにする人民元の信用度を国際通貨基金（IMF）理事会に誇示し、16年10月には主要国際通貨で構成するIMF特別引き出し権（SDR）に組み込ませることに成功した。SDR通貨の構成順位はドル、ユーロ、円、英ポンドだったが、人民元は円を押しのけて第3位に割り込んだ。ＳＤＲ通貨は世界各国の中央銀行が外貨準備資産として保有し、交換に応じる。人民元は円より上位の国際通貨の座が認定されたのだ。

当初は中国国内で細々としか取引されていなかったビットコインが突如、習政権が着々と布石を打つ人民元の国際化戦略に立ちはだかった。カネの創出や流れを支配する共産党政権は有無を言わせず、ただちにビットコイン退治に乗り出した。習政権は16年11月に500万ドル以上の海外送金や両替の事前審査を始めた。17年1月からは個人の外貨買いの際に使い道を細かく報告させ始めたが、水面下ではビットコイン取引の取り締まりを強めた。ビットコインはデジタル空間、つまりインターネットを通じて取引されるのだが、中国当局はもともとネットに流れる情報を検閲する技術はお手の物だ。すると、中国でのビットコイン取引は瞬時に急減した。取引額は17年1月5日の1日だけで81億ドルを超えたあと急減し、同月末にはその1000分の1まで落ち込んだ。**グラフ7-1**が示すように、ビットコイン制圧の成果はてきめんで、人民元安は止まり、高めに推移するようになった。

中国当局が公式に包括的なビットコイン売買の禁止を通達し、取引所の閉鎖を命じたのは9月中旬だが、それよりはるか前に、国内取引は閑散としていた。法令のあるなしとは無関係に、習政権の恐るべきネット統制力が発揮されたのだ。

さらに2018年1月10日、当局は中国国内でのビットコインの「採掘」停止命令を出した。採掘とは、金鉱山の採掘の隠喩で、ビットコインなど仮想通貨の場合は仮想通貨取引を検証して、その記録をネットで結ばれている複数のデータセンター（分散台帳「ブロックチェーン」と呼ばれる）に随時、記録する作業のことだ。仮想通貨取引はデータが膨大で、それを分析、記録するためには高度で複雑なプログラムを大容量のコンピューターで駆動させる必要がある。追加記録した採掘業者にはその作業の対価として仮想通貨が与えられるので、ちょうど金を地中から掘り出す作業にたとえられる。

採掘のためには大容量のコンピューターを何台もつなぎ合わせて、長期間フル稼働させなければならないが、ハードウエアは高熱を発するので、冷却しなければ壊れてしまう。冷却のためには大量の電力を消費するので、採掘業者達は電気料金の安い水力発電所のある地域に装置を設置する。中国では水力発電所が多い新疆ウイグル、内モンゴル、チベットの山間部などに業者が殺到していた。ビットコイン採掘量の国別シェアはことし1月の中国の採掘禁止令直前では、中国が世界の8割弱を占めていた。

ビットコインは取引、採掘両面で中国のシェアが他を圧倒していたので、当局による取り締まりのあるたびに相場が急落する事態となった。

2　自由な制度ありきの仮想通貨

通貨が硬貨の鋳造所やお札の輪転機ではなく、なぜデジタル空間で創出されるのか、わかりにくいが、実は従来の金融取引も実はデジタル情報の記録によって成り立ち、目にするカネの大半はコンピューター画面に表われる数値に過ぎない。

日銀など世界の中央銀行はカネを発行して金融機関から国債などの金融資産を買い取る。銀行などはそのカネを融資するのだが、融資したカネは預金となって還流し、その預金がさらに融資されるという信用創造の循環が起きる。中央銀行が新規発行した資金は何倍、何十倍ものカネを創出できるのが現代の金融システムだ。こうした資金の流れはデジタル情報として記録される。その記録されるカネの残高の追加分が新たに生み出されたカネということになる。カネの大半は、数値情報つまり数字として記録されるだけで、硬貨や紙幣のように目に見えるわけではない。日本の場合、その記録データは銀行など金融機関のコンピューターからデジタル回線を通じて日銀のデータセンターに送られ、日銀の台帳に記載される。カネの創造というのは、国家が保証する法定通貨であっても、無国籍のビットコインであっても、数値データでしか表示されない。

ビットコインは円など法定通貨と違って国家の刻印がなく、裏付けが何もないと、黒田東彦日銀総裁がうそぶいたことがあるが、法定通貨だって高インフレになれば国家保証は無意味になる。

その点、ビットコインは発行上限が2100万ビットコインと明確に決められている。約1680万ビットコイン、採掘可能量の8割が2018年初めまでに掘り出されたが、一気に掘られて流通量が急増しないよう、採掘の対価で得られるビットコインの量を順次減らしている。2041年には掘り尽くされ、それ以降は流通量が増えないよう設計されている。今後、23年間、その希少価値が徐々に高まるわけで、法定通貨のように天文学的なインフレとともに価値が消滅するわけではない。

ビットコインは取引記録としての台帳記載があってこそ成立する通貨なのだからドル、円など在来の通貨と同類となり、交換できる。ドル、円、ユーロ、人民元、韓国ウォン、ロシア・ルーブルなどの通貨と違う理由は台帳が中央銀行に限られず、ネット空間で分散するデータセンターで共有されるという、情報技術（IT）上の領域にある。市中銀行や中央銀行の決済ネットワークを経由しなくても、インターネットを通じて当事者間で直接資金取引できるので、資金移動は迅速でコストも従来に比べて格段に安くなる。国籍がないのにどの通貨とも自由に交換できる。

仮想通貨はこうみると、まさにグローバル金融時代にふさわしい技術革新のたまものであり、金融革命を担うわけだが、その前提条件は自由な金融制度である。

金融をがんじがらめに規制して成り立つ中国の金融システムは、仮想通貨が世界の通貨の主流になれば、孤立し、金融システムが行き詰まる。それを防止するためには、金融自由化に踏み切るしかないのだが、それは共産党による通貨と金融の統制の放棄を意味するばかりではない。膨張し続ける中国脅威を支えるマネーパワーは不安定になる。そのかわり、日本などアジア、さらに全世界の安全保障へとつながる。

3　ビットコイン退治はモグラ叩き

中国マネーというのはこれまでの国際通貨制度が生み出したモンスターである。日本の敗戦が必死となった情勢下で、米英などが米国のニューハンプシャー州ブレトンウッズで開いた連合国通貨金融会議（45ヵ国参加）が決めたのがドル基軸体制である。ドルのみが

1オンスの金（きん）と35ドルで兌換できることにし、残る主要通貨はドルとの固定レートで交換される。ドルだけが金の裏付けがあり、米国は他の通貨当局の要請があれば、保有するドルを金との交換に応じる義務があった。ところが、戦後復興の中で欧州などのドル保有量が増える。フランスのドゴール大統領がドルの金交換を求め、特別機を飛ばして米国の金保管倉庫から強引に持ち去った。業を煮やしたニクソン大統領は1971年8月、金・ドルの交換停止を宣言した。金保有の束縛から解放された米国の通貨量は一挙に増え、金融市場が活気づいた。さらに1990年代後半には、IT革命と金融自由化の大波に乗って、ネット空間上での金融取引が爆発的に増えて行った。米国のカネの総量の国内総生産（GDP）比率は90年代前半の60％代から急上昇を続け、80％を超えた2008年の9月に史上未曾有の金融バブルが崩壊し、リーマンショックが起きたのだ。

米連邦準備制度理事会（FRB）は1930年代の大恐慌時代の再来を防ぐために、3度に分けてドル資金を3兆5千億ドル、リーマン前の4倍も発行し、金融市場に流し込んだ。中国人民銀行はそれとほぼ同額のドルを吸収し、人民元に置き換え、銀行経由で不動産開発や設備投資にカネが回り、経済は二桁台の成長に回帰した。人民元はドルの裏付けがあるので、価値が安定し、インフレを抑止できた。中国のGDPはこうして、2010

年にゼロ成長が続くデフレ日本を抜き去り、米国に次ぐ経済超大国に躍り出た。

それればかりではない。豊富な資金を背景に、軍備拡張にまい進するとともに、南シナ海の岩礁や砂地を埋め立て、中国領として軍事基地を建設してきた。前述した一帯一路やアジア、アフリカ、中南米への積極投資による勢力拡張は、いずれもリーマン後の米国を中心とする金融の量的拡大に乗じている。金の裏付けがなくなった国際通貨・金融制度はドル金融の膨張を容易にしたあとバブル崩壊で頓挫しかけたが、中国はそこにつけ込んで自らの金融パワーを増長させたわけである。

仮想通貨ビットコインが誕生したのもリーマン直後である。ドルなど既存の通貨の価値が揺らぐ中で、「サトシ・ナカモト」の名前で発表された論文をもとに、09年に最初のビットコインが発行された。そして不動産バブル崩壊不安や人民元安の中で、ビットコインが中国国内で熱狂的に受け入れられた。そして、習近平政権が焦るのだが、ビットコインは無国籍者だ。それに頼るのは中国の富裕層で、党関係者が多い。退治は容易ではない。

中国の採掘業者たちは当局による禁令が出ると、相次いで電力の安い国外へと拠点を移す。水力が豊富なアイスランドなどだ。ビットコインと人民元の取引にも抜け道がある。日経新聞電子版2月10日付けによれば、香港に拠点を置く仮想通貨交換企業テザー社は仮想通貨「テザー」を使って中国の投資家を呼び込んでいる。テザーはドルに対する交換レートを固定している。中国の投資家は人民元でテザーを買ったあと、取引システムを通じてテザーをビットコインなどの仮想通貨に瞬時に換える。あとはドルなど主要通貨に世界のどの取引所でも換えられる。

中国本土の投資家は海外の仮想通貨ウェブサイトで取引を続けている。フィンランドに拠点を置く仮想通貨交換企業は中国人投資家から高い人気を集めている（ウォールストリート・ジャーナル紙＝WSJ　2月9日付け）。ウェブサイト上で店頭取引の買い手と売り手を付け合わせる。ウェブサイト上でのビットコイン取引量はこうして増加する気配だ。

抜け穴封じに中国当局は必死だが、モグラ叩きの感がある。中国の国営メディアによれば中国人民銀行は2月初旬、海外を含め、仮想通貨の取引や資金調達を行うウェブサイトへのアクセス阻止を含めたビットコイン禁止策を検討中という。中国当局のネット監視による金融規制は、あらゆる通貨の出どころと行き先を確実にたどれるようにすることが目標だ。習政権は好ましくないと考えるサイトを遮断するフィルタリングと呼ばれる技術に巨額の予算を充て、さまざまな手段を磨いてきた。これに対し、世界各国の仮想通貨トレーダーの多くは高いインターネット技術を持ち、フィルタリングを迂回する特殊なソフトウエアを使っている（WSJ18年2月6日付け）という。

4　共産党版「仮想通貨」へ

習政権には次の狙いがある。法定通貨人民元のデジタル通貨の発行である。中国人民銀行は仮想通貨を全面禁止する中で、人民元のデジタル版を研究中だ。紙幣も仮想通貨も匿名性があるのだが、デジタル版法定通貨だと、当局は決済や取引が行われるたびにその使い手をただちに突き止めることができるので資本流出規制も容易になる。党による通貨支配は万全、マネーパワーは仮想通貨に侵食されなくなる。中国の市民はデジタル版人民元という盗聴装置を通じて常時、徹底的に監視され、共産党の檻に閉じこめられるのも同然だ。全体主義国家による徹底的な市民監視・統制社会を描いた英国人作家ジョージ・オーウェルの小説『1984年』の世界は「オーウェリアン」と呼ばれる。習政権はオーウェリアンを完璧に実行しようと狙う。中国人でなくてもぞっとする未来だ。

徹底的な習政権の仮想通貨敵視策の一方で、国際金融界では仮想通貨排除論も根強い。

ビットコインをはじめとする仮想通貨の投機が激しすぎることや、犯罪資金のマネーロンダリング（資金洗浄）やテロ組織への資金供与、脱税に悪用されやすいことが挙げられるが、それは仮想通貨に限らない。

仮想通貨自体は情報通信技術を駆使した通貨・金融の技術革新のたまものであり、金融サービスを迅速にし、効率や利便性を高める。ビットコインのような仮想通貨は私家版であり、国家に縛られない自由がある。中国当局にとってはその自由が何よりも気にくわない。そこで自由な特性を骨抜きにして、国家の意のままになる仮想通貨を提供しようという。

中国にはなるほど、法定通貨である紙幣を仮想通貨に置き換えるだけの需要も素地もある。まず横行する偽札の取り締まりに手を焼いている。次にはスマホを使った決済の普及だ。露店、コンビニから高級デパートにいたるまでのショッピング、タクシー代金、さらにはもの乞いまでQRコードを手にして、スマホによる支払いが行われている。この結果、中国で出回るおカネの総量に占める紙幣・硬貨の割合は5％に過ぎない。8〜9％の日米に比べても驚くべき現金離れである。現金を除くカネは預金だが、預金こそは銀行の帳簿上に追加記録される数値の合計、即ちデジタル情報である。仮想通貨も金融取引データを追加して記録することで創出されるのだから、預金と同類の通貨とみなされる。だからこそ、中央銀行が法定通貨版仮想通貨を導入するのは当然の流れなのだが、日米欧の場合、金融や資本取引は自由化され、国家による統制は民主主義のもとに極力制限され、オープンだ。

ところがネットを中央政府が極端までに支配、監視するシステムのもとに、法定通貨という通貨・金融の基盤が仮想通貨になってしまえばどうなるだろうか。人民元をやりとりするあらゆる情報は当局のデータセンターに送られ、監視対象になる。統制の対象はこうして中国国内にとどまらず、中国と関わる全世界の個人や企業に及び、関係者は北京にひれ伏す羽目になる。習政権はその気になれば、対外投資を戦略的に展開でき、外準の減少を招く資金流出を徹底的に取り締まれる。対外膨張戦略は計画的かつ円滑に展開される。

習政権の野望を阻止する方法はただ一つ。資本・金融の完全自由化である。外為市場も金融市場も西側並みに自由化されると、人民元はドルとのリンクが外れ、神通力を一瞬に失う恐れがある。仮想通貨版に置き換えても、取引自由なら、人民元相場は暴落リスクにさらされる。

問題は、日米欧が中国の金融自由化に向け、結束できるかどうかだ。人民元市場の統制を容認、放置してきたのは米英主導の国際通貨基金（ＩＭＦ）である。米英金融資本は黙認の見返りとして中国が小出しに提供する金融利権に飛びついてきた。日本も他のアジアも経済発展が一定の段階にくると、ＩＭＦは米英の意向を受けて資本や金融市場の自由化、外為市場の変動相場制移行を厳しく迫られたものだが、こと中国に対しては外圧ゼロだ。

ＩＭＦはさらに、16年10月に人民元を特別引き出し権（ＳＤＲ）の構成通貨に加えた。構成順位はドル、ユーロに次ぎ、人民元は円を押しのけて世界第3位の国際通貨の座についた。ＩＭＦは認定に際して、さすがに外為市場や金融の自由化を条件として求めたが、建前だけだ。北京は無視するどころか、逆に規制を強化している。それに対してニューヨーク・ウォール街もロンドン・シティも何も言わない。北京は17年11月に訪中したトランプ米大統領に証券、保険業の一部の門戸開放を表明し、米金融資本を喜ばせた。英国のほうは、人民元のＳＤＲ入りの前に、人民元の決済センターをシティに誘致できて、大喜びだ。

前述したようにわれわれが暮らす経済の金融主導化は時代の流れであり、いくら否定しても押しとどめることは不可能だ。送金や決済を迅速にし、コストを大幅に下げる革新性に富んでいる。そんな現実からすれば、適切な規則と不正な取引の取り締まりのもとに、仮想通貨を普及させて金融取引の効率化を進めるに越したことはない。仮想通貨問題は中国の脅威と切り離せないのだから、なおさらだ。日本が昨年、改正資金決済法施行によって仮想通貨を決済手段として事実上認定したことは第一歩だ。今後は対中戦略を意識しつつ米欧などとともに、仮想通貨取引の国際ルールを詰めていくべきだろう。

（解説）仮想通貨

ビットコインなど電子空間で創造される私家版デジタル通貨の仮想通貨は相場がたったひと月で2倍になったり、半値になったりと激しく動く投機の塊だ。交換所からの巨額の資金流出事件も起きるし、犯罪組織の不正資金の温床にもなるなど、社会的には問題だらけだ。にもかかわらず、仮想通貨はますます世にはばかり、国際情勢にも関わってくる。中でもマネーパワー大国になった中国の動静に重大な影響がある。

まずは質問。目に見えない電子空間のなかでしか存在しないのに、国家の権威の裏付け無しの私家版仮想通貨が円、ドル、ユーロ、人民元など法定通貨と同様、なぜ「通貨」になるのか？

優等生なら以下のように答えるだろう。お店次第だが、モノが買えるし、食事代が払える。円やドルなどと交換できる。ネットを使って容易に海外送金できる、と。

なるほどね。でも、ビットコインが使える店はごく限られる。それにビットコイン建ての株式、国債などの証券や金融商品はない。つまりビットコインでは、ドルや円などの法定通貨建てで形成される巨大な金融市場が成立しない。ドルや円などと交換できるというけど、交換レートが激しく変動するから、安定が求められる通貨としての要件を満たしていないよね。

それにしても、通貨、あるいはおカネって正体は何だろうね。

金融用語でいうマネー（おカネ）とは、現金と銀行預金の合計、さらには現金に簡単に替えられる投資信託や国債などの証券も含まれる。調べてみると、現預金の総額のうち、現金は日本で9％、米国で8％程度に過ぎない。残る預金通貨は市中銀行のデータセンターに記載された数値情報であり、それを統括するのが日銀など中央銀行のデータセンターだ。日銀は異次元緩和政策によって、最大で年間80兆円ものカネを金融機関に流し込む。金融機関はその資金をもとに家計や企業に融資すると預金になって還流し、その預金が原資になって新たな融資がなされ、預金が増える。つまり預金通貨という名のマネーが創造され、増殖する。

技術面でみれば、この取引はコンピューター端末間で行われる。つまりおカネの創造とは電子空間上で追加記載された数値のことで、最終的なカネの増加額は中央銀行のデータセンターで確認される。何のことはない。電子空間上でおカネの取引データを追加記載した分が創造されたおカネということになる。ビットコインはこの記録作業を「採掘」と呼び、民間業者の大型のコンピューター装置によって行われる。取引記録を追加すれば新たなカネが創造されるとみなし、その業者は報酬として追加ビットコインを得るという。つまり、仮想通貨は法定通貨を単位に成り立つ通貨・金融システムに適合するのだから、当局も通貨として認定せざるをえなくなったのだ。

権威ある中央銀行としてはどこの馬の骨かもわからぬ業者にカネを創造されたら、面白いはずはない。日銀の黒田東彦総裁は「仮想通貨には裏付けとなる資産がない」とけなす。法定通貨は徴税権を持つ国が価値を保証するという論法だが、欺瞞ではないか。インフレになれば価値が損なわれる。悪性インフレになれば法定通貨は紙くずになるが、国家は知らぬフリで、国民は泣き寝入りするしかない。ビットコインの場合、その点、発行上限を定めており、金鉱と同様、残存量が少なくなるにつれて、採掘量は減る仕掛けになっている。仮想通貨の時価総額は2月下旬時点で４５００億ドル。14兆億ドル弱の米国のおカネの総量に比べると大したことはないようだが、仮想通貨時価総額はたったひと月で２０００億ドルも増え、年間で増加額が７０００億ドル前後の米国マネーに匹敵しかねない。しかも、情報技術（ＩＴ）革命と金融のグローバリゼーションの潮流に乗り、国境を越えて動き回る。

最終章　人民元帝国にどう立ち向かうか

1　中国の戦術と戦略を知る

習近平体制の中国の対外膨張戦略は、人民元を軸にした金融パワーを軍事力に組み合わせるところに特徴がある。

筆者知人のワシントンの安全保障専門家の中国評は「中国に戦術はあっても戦略はない」という。確かに、軍事面に限るとその感あり、である。例えば、1996年に台湾で中国人社会初の直接投票による総統選挙が行われたとき、北京は台湾近海で大々的な軍事演習を行い、台湾沖にミサイルを撃ち込んだ。これに対し、米国は、台湾海峡に太平洋艦隊の通常動力空母「インデペンデンス」とイージス巡洋艦「バンカー・ヒル」等からなる空母艦隊、さらにペルシャ湾に展開していた原子力空母「ニミッツ」とその護衛艦隊を派遣した。すると、中国は軍事演習の延長を見送った。

この教訓からすれば、中国に対しては受け身にならず、絶えず、攻勢にかかる態勢をとらなければならないのだが、戦術がない、というのは、通貨に関しては当てはまらないと考える。理由は人民元の生い立ちにある。

通貨戦略を担う中国人民銀行は人民解放軍と同様、1949年10月1日の中華人民共和国建国に先だって創立されたのだが、軍の方は相手の出方に応じて戦術を臨機応変に変えるゲリラ戦法を得意とするが、人民銀行のほうは長期戦略を重視してきた。日本軍は軍票をばらまいて占領地域での信用を失い、蒋介石の国民党政府は通貨法幣を乱発して住民に見放された。共産党が支配する解放区には高度の教育を受けた金融界などの高度な人材が腐敗した国民党政府を見限って集まり、規律ある中央銀行制度を整備した。こうして共産党勢力は10年以上をかけて人民元を全土に浸透させて、国共内戦に勝利したのだが、それは通貨戦争での勝利が大きな要因になった。それは戦術ではなく、戦略そのものであり、その考え方が今なお受け継がれているとみるべきだ。

通貨、人民元は建国後も中国国内でしか通用しないローカル通貨に長く甘んじてきた。その国際通貨化を党が最初に打ち出したのは1993年党第14期中央委第3回総会までさかのぼる。このときの「人民元を逐次兌換可能な通貨にする」という決議は、党官僚や人民銀行首脳部に延々と引き継がれてきた。

ここで簡単に人民元制度を振り返ってみる。

1994年にはそれまでの公定レートと貿易用レートの二本立ての相場制（二重相場制）を一本化した。1997年7月にアジア通貨危機勃発を受けると対ドル相場を固定した。

2005年7月には、わずかに変動させる管理変動相場制に移行した。このときの通貨制度改革について、周小川人民銀行総裁は「中国は引き続き1993年の中国共産党第14期中央委員会第3回総会の定めた方向に向かって努力する。もちろん、この努力は長期にわたって払っていく必要がある」と述べた。国際化は長期戦略であると宣言したのだ。

2008年9月のリーマン・ショックが起きると固定相場制に戻したあと、10年6月に再び管理変動相場制に回帰した。そうした漸進的な通貨制度改革に加えて、アジアを中心に国有商業銀行を現地進出させ、人民元資金を現地に供給して貿易の人民元決済を普及させてきた。

習近平政権はさらにロンドンなど国際金融センターに人民元の決済拠点を置き、国境を越えた銀行間の人民元取引を活発化させようとしている。そして、外国人投資家の上海資本市場への投資規制や海外での人民元資産取引規制を徐々にかつ限定付きで緩めようとしている。人民元の資本取引拡大は人民元をヘッジファンドなどによる通貨投機をさらすきっかけになりかねない。

貿易面での人民元決済は取引状況がつかみやすい上に、金額も限られるが、証券など「資本」の取引は不特定多数の投資ファンドが参加するために、金額は貿易に比べて際限なく膨らむ。すると、ヘッジファンドは巨額の人民元資産を売り買いできるようになる。ドルに対して交換レートを半ば固定する管理変動相場制の人民元は格好の投機の標的となる。人民元売り攻勢をかけられると、中国の通貨当局は外貨準備を取り崩して人民元を買い上げるしかないが、外貨準備は激減するし、市場からは人民元資金が吸い上げられて、金融引き締め状態となり、経済活動はデフレ圧力にさらされる。つまり、経済全体が萎縮する。外貨準備がいくら大きくても、急激に縮小すれば、経済活動に重大なマイナス効果が生じる。

そこで通貨の変動を自由にすれば、通貨はいったん暴落する。投機勢力は暴落した分だけぼろもうけして、手じまいする。通貨が暴落した場合、その国の経済は荒廃する。そしてその再生には数年以上もかかるのが通例である。

ともかく、固定相場やそれに近い管理変動相場制は投機の対象にされやすい。変動相場制だと、投機勢力は為替の変動リスクを恐れて、投機しにくくなる。

１９９７年のアジア通貨危機では、資本移動の自由化に踏み切っていたタイやインドネシア、韓国などがヘッジファンドの通貨売り攻勢にさらされ、通貨暴落の憂き目にあった。インドネシアではスハルト独裁政権がそのために崩壊した。

中国はその二の舞を避けるために資本規制を敷き、管理変動相場制を維持してきた。この基本路線を崩さず、あくまでも資本取引の全面自由化は避け、当局の管理のもとに限定された投資について人民元決済を認めようという。それによって、国際的に利用可能な通貨として国際通貨基金（ＩＭＦ）に認めさせ、ＩＭＦ特別引き出し権（ＳＤＲ）と呼ばれる計算尺度としての通貨を構成する主要通貨（ドル、ユーロ、円、ポンド）の一角に割って入ることに成功した。まさに、いいとこどり、ご都合主義である。ＳＤＲ通貨となれば、各国の通貨当局は人民元を好きな分だけ他のＳＤＲ構成通貨であるドル、ユーロ、円、ポンドと交換できるので、安心して人民元を準備資産に加えられる。すると、民間の金融機関や企業の間で人民元の信用が上がる。

もちろん、資本取引に制限をかけている以上、国際金融市場での人民元取引の拡大には限界があるのだが、投機にさらされる危険を避けるほうが重要だ。中国として重視するのは人民元決済圏の拡大だ。中国の政府や銀行、企業は人民元で売り買いしたり、決済できる相手を広げられる。石油などの戦略資源も、軍事用ハイテク製品も人民元で買えるようになる。

アジアインフラ投資銀行（ＡＩＩＢ）と人民元のＳＤＲ通貨化は、その点、セットになっている。ＡＩＩＢはシルクロード経済圏建設を資金面で支える。その資金は当面ドル建てだが、借り入れ国が承諾すれば人民元建てとなる。人民元がＳＤＲ通貨ともなれば、人民元建て融資が活発になるだろう。人民元建ての借金を持つと、今度は中国にモノを売って人民元で返済する必要が生じるので、中国に依存するようになる。このようなプロセスを経てシルクロード経済圏は人民元経済圏に変貌する。そのエリアは産油国のロシア、中東から華人が支配する東南アジア、中国依存の度合が強い韓国、台湾と広大なエリアに広がり、インド、パキスタンなど南アジア、カザフスタンなど中央アジア、さらにアフリカや欧州の一部にも浸透して行くだろう。

2　中国のハイテク窃取

トランプ政権は２０１８年６月中旬、中国の貿易慣行を批判する報告書を発表し、中国が組織的な「経済侵略」作戦を展開していると指摘した。報告書は中国の「経済侵略」を５つの大きなカテゴリーに分けている。国内のメーカー・生産業者のための国内市場保護、天然資源の支配権確保、ハイテク産業における優位性の追求などだ。そして、サイバー攻撃による知的財産の窃盗や、主に中国でしか手に入らない主要原材料に対する外資のアクセス禁止など、中国政府がこれらの目標を達成するために導入した50余りの政策を挙げている。

サイバー攻撃や情報通信などのハイテク技術窃取については、以前から米国議会が綿密に調査してきた。トランプ政権はその流れを受け継いでいる。

２０１２年10月、米下院情報特別委員会は中国の通信機器メーカー大手の華為技術と中興通訊（ＺＴＥ）の製品は中国政府のスパイ行為やサイバー戦争に利用される可能性があるとの報告書を発表した。ほぼ同時期、ホワイトハウスは、１年半にわたる調査の結果、華為技術が中国のためにスパイ行為をしたという明確な証拠は発見されなかったと発表したが、今後ハッカー攻撃の標的にされかねないとして、米政府は政府用の通信システム市場から両社を締め出した。以来、米政府と議会は民間の通信会社に両社との取引自粛を勧告してきた。

トランプ政権はさらに両社に対する警戒を強め、中国のＺＴＥが米国の対イラン禁輸措置に違反したとして、18年3月にＺＴＥに対する米国製半導体の禁輸を決めた。その結果、

ZTEは基幹部品が不足して操業停止に追い込まれる事態になった。習政権が米国産農産物関税撤廃を取引材料にもちかけると、トランプ政権がZTEへの制裁緩和に傾いた。すると、米上院議員27人の超党派グループは、米通商代表部(USTR)、財務省、商務省のトップらに書簡を送り、中国向け販売を増やす手段として技術輸出規制を緩和するいかなる提案も拒否するよう要請した。米国の議会は華為技術とZTEに対し、強硬姿勢を貫いている。

華為は情報通信の基幹回線やデータセンター、基地局など通信インフラで高い競争力を誇り、2014年は世界市場ではスウェーデンのエリクソンに次ぐ2位の大手だったが、17年にはトップに立った（**グラフ8-1**）。データセンターとは情報通信ネットワークの中枢機能を持ち、「サーバー」と呼ばれるコンピューターや大容量記憶装置を備え、顧客からデータを預かり、インターネットの接続や保守・運用サービスを受け持つ。データセンターに「バックドア（裏口）」と呼ばれるデータ監視装置を組み込めば、やすやすとデータセンターを裏から支配し、盗み、操作できる。機器新規納入の際には安全性が確認されたとしても、設備の点検や補修の際にバックドアを埋め込まれる。すると、ユーザーはそれに気付かないままになり、ハッカー攻撃になすすべもなくなる。スパイの仕掛けを発見したときはもう手遅れで、とっくに多くの情報が流出している。その脆弱性を衝かれないようにするためには、少しでもリスクのある機器や技術のサプライヤーを排除する、というのが米国の「サイバー・セキュリティー」の考え方だ。日本はその点、無防備どころか、古代ギリシャの「トロイの木馬」の故事のごとく華為技術などを歓迎して受け入れている。

米国の情報筋によれば、情報通信の最前線には党の指令を受けた中国の工作員たちが浸透している。だが、見えるのはただ影のみである。中国のスパイたちが米国や日本の企業、研究機関などに入り込んでいる痕跡は数多いが、対象となる会社などの組織名や人名など具体的な犯罪行為を立証する決め手になる痕跡は決して残さない。

日本に関しては、筆者知り合いの台湾系米国人技術者が米中軍軍事技術交流を通じて懇意になった中国軍関係者から、「われわれ中国軍にはカネがたっぷりあり、ふんだんに使える。日本人はカネに弱い」と聞いたことがある。豊富なチャイナマネーで日本企業幹部や技術者を買収し、機密情報を盗み出すのはいとも簡単だと示唆していた。

米国となると、言うまでもなく、情報当局の探知能力は図抜けている。通信傍受機関の国家安全保障局（ＮＳＡ）元職員だったスノーデン氏は「ＮＳＡが華為技術幹部をことごとく盗聴している」と暴露したが、それに限らず米諜報機関の軍事利用可能な重要技術がからむ分野での追跡能力の高さは一般の想像を超える。

米国の情報筋によると、中国は共産党を頂点に国家が全力を挙げて技術情報を窃取し、サイバー攻撃を含む軍事面で相手を無力化する体制を確立している。

左図は、米情報関係者などからの取材をもとにした中国のサイバー戦争に関与する機関の相関図である。日本を代表する研究機関の理化学研究所や国立研究開発機関の情報通信

中国のサイバー攻撃体制

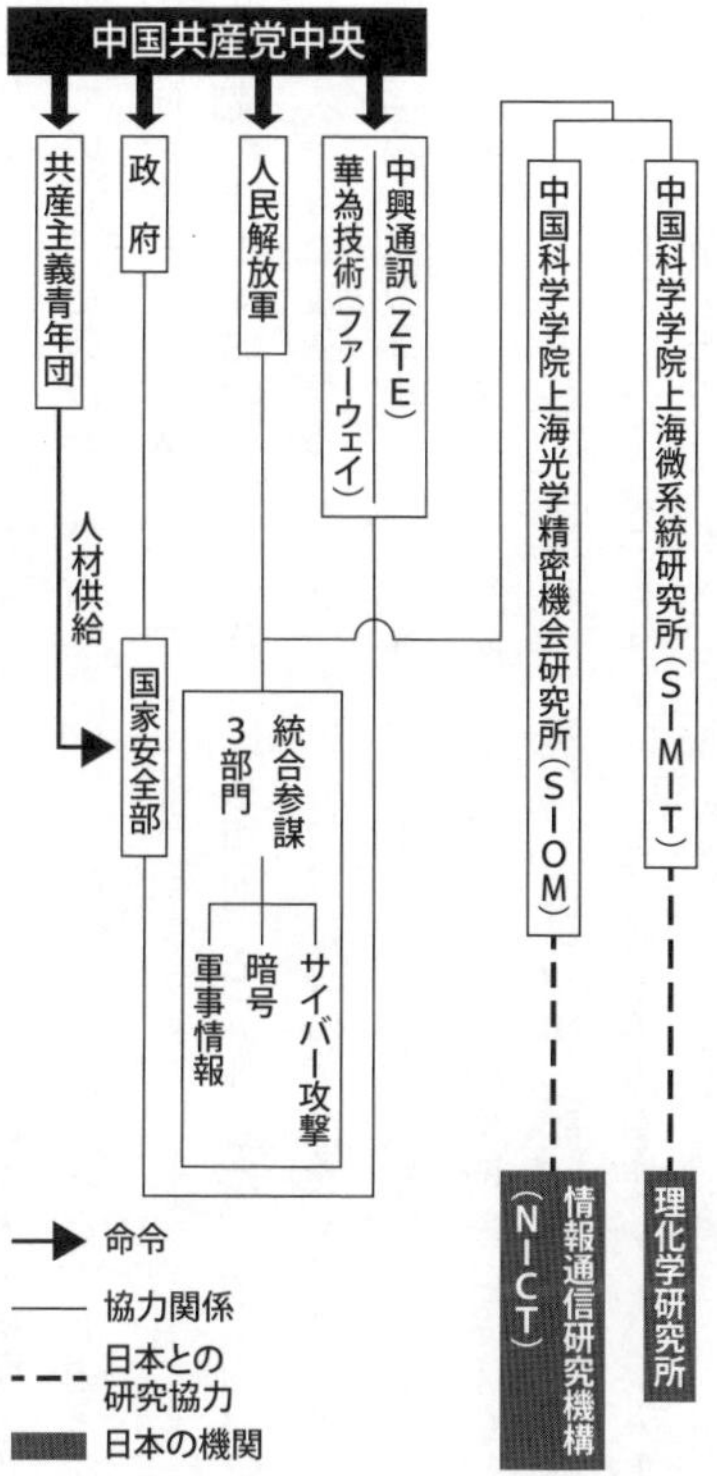

研究機構（ＮＩＣＴ）は知らず知らずのうちに、中国のスパイ機関と提携し、技術者を受け入れている。そのほか、東大など国立大学や早稲田大学など有力大学の理系大学院には中国人研究者が数多く入り込んでいる。

共産党が銃口で建国した「中華人民共和国」というのは、基本的に党が政軍と民を支配するシステムで成り立っている。人民解放軍は政府ではなく党に直属する。人民解放軍は中国科学院上海微系統研究所（ＳＩＭＩＴ）という情報通信技術開発機関と、レーザー兵器技術開発を手がける中国科学院上海光学精密機械研究所室（ＳＩＯＭ）を傘下に置いている。ＳＩＭＩＴとＳＩＯＭ両研究所は、衛星破壊装置、衛星通信傍聴技術、高密度レーザービーム開発衛星の開発に関与している。通信手段を使ったハッカー攻撃、レーザーによる敵対国の衛星破壊や衛星からの地上攻撃を可能にする。

両研究機関には日本を代表する研究機関がパートナー役を買って出ている。ＳＩＭＩＴの相手はほかならぬＮＩＣＴであり、ＳＩＯＭはかのＳＴＡＰ細胞で世間に名を知られる独立行政法人「理化学研究所」（理研）である。ＳＩＯＭが取り組んでいるレーザー破壊兵器開発には理研の技術が関連する。

ＮＩＣＴは14年1月17日にＳＩＭＩＴとの間で研究協力覚書に調印した。期間は同日から2016年3月末まで、協力分野は「情報通信技術、特に超伝導科学技術、バイオ科学技術、テラヘルツ科学技術」となっており、いかにも平和目的のように見えるが、SIMITが軍事機関である以上、真の目的が何かは火を見るよりも明らかだ。米情報筋によれば、NICTは「情報通信技術の拡散センター」として、米政府は警戒している。

他方、理研のほうは、14年9月10日にSIOMとの間で研究協力覚書を締結した。レーザー及びその関連の技術開発のために「理研‐SIOM連携研究室」を上海に設置する念の入りようである。理研のホームページでは、SIOMに関して「1964年に創立された中国の一番早い、規模最大のレーザー専門研究所であり、現代光学の重大な基礎と応用の最先端科学を探索することによって、大型レーザー開発と光量子最先端技術を開拓する国家重点総合研究所です」と紹介している。SIOMが最先端のレーザー兵器研究機関であるのは、少し調べればわかるのに理研にはその意識のひとかけらもないようだ。

NICTも理研も中国のカウンターパートとの協力覚書の全容、人物の交流リスト、中国側に渡した技術研究内容一切を公開すべきだろう。ところが、NICTのほうは、14年9月初め、研究パートナー契約を結んでいる中国科学院上海微系統研究所（SIMIT）が人民解放軍系ではないかと外部から指摘されると、そのホームページに掲載していた研究協力覚書リストからＳＩＭＩＴを消し去った。

諜報（インテリジェンス）部門はどうか。厳密には、諜報は政府の国家安全部（省に相当）に属するが、工作員としての人材は共産主義青年団から供給されるという。華為技術、ＺＴＥも党中央の直轄下にある。党指令系統で政府、軍と同列である。工作員を日本に送り込む指令を発するのは党中央で、国家安全部はその指示に従う。

米情報筋によれば、華為技術とＺＴＥは、１９８０年代初め、最高実力者鄧小平の指示によって生まれた情報通信関連の4社の後身である。4社とは、「巨龍」「大唐」「中興」「華為」で、前2社は解散し、もはや存在しないが、中興は今の「ＺＴＥ」、華為は「華為技術」へと変貌、飛躍を遂げたという。１９７８年に改革開放路線に踏み出した鄧小平は「4つの使命」という党指令を発し、「自主技術」「海外との合作」「国家防衛」「情報浸透」を重点策とした。その後、「情報」については、無線、衛星、ネットワーク、半導体などの技術を担う企業の育成を図ることとした。上記の4社がそれに当たる。

他方、華為技術の説明は上記の見方を一蹴する。同社の発表によれば、設立は１９８７年で、人民解放軍工兵部隊に勤務した経歴を持つ現最高経営責任者（ＣＥＯ）の任正非氏が42歳のとき深圳で創業した「民間会社」である。任氏は当初、香港で中古の電話交換機

グラフ8-1　通信サービス事業技術世界市場シェア（%、2017年）

データ：ガートナー（2018年6月）

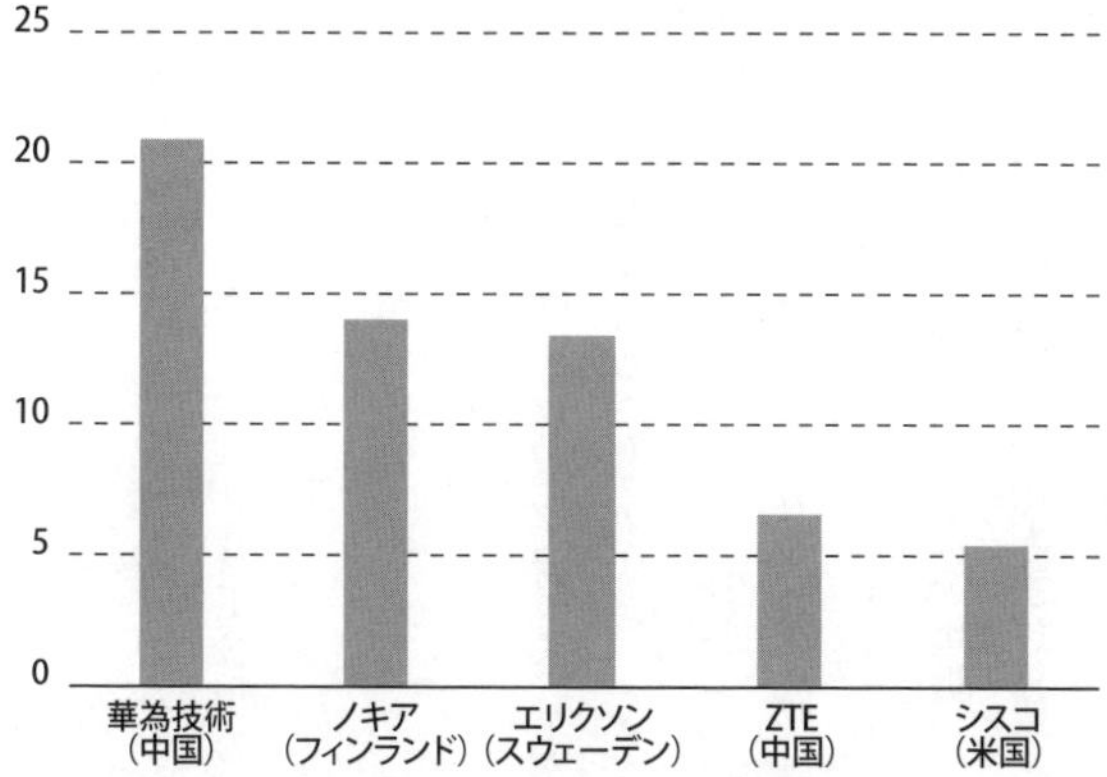

を調達して、中国本土の山間部を中心に販売していた。90年代には中国国内で電話網の建設が急進展。通信機器の需要はうなぎ上りでブームの波に乗った。２０００年代に入ると、携帯電話用の設備需要が激増し、海外市場にも積極展開し始めた。全世界の社員総数は15万人、このうち中国人社員約７万人が自社株を保有し、上場予定はない。深圳の敷地２００万平方メートルの本社には約４万人が働く。

交換機中古品の行商から立ち上がって、瞬く間に高度技術の通信機器の世界的巨人になった同社には、資金、技術、人材を中心に党・軍・政府からの大掛かりな支援があると米側は以前から疑ってきた。日米欧の情報通信機器メーカーが１００年近い歳月をかけ、莫大な研究開発資金を投じて、営々と築き上げてきたハイテクを、交換機中古品のブローカーが短期間でものにして、世界最大手級の市場シェアを獲得できる（グラフ8－1参照）とはまさに奇跡である。米議会は国家総揚げのバックアップがなければ、不可能だとみる。

米下院情報特別委員会は2012年の調査報告書作成の際、メンバーが深圳の本社に乗り込み、幹部にインタビューし、主に同社と共産党、軍、政府との結び付きについて質問したが、回答が非協力的だったとして、疑惑を強める報告書をまとめ、米通信機器市場からの華為締め出しを導いた。

党指令のもとに解放軍、政府と企業が一体となり、強大で高度かつ複雑な中国のサイバー戦闘能力は衰えることがない。「2013年には米政府所有を含めた世界中の無数のコンピューター・システムが攻撃にさらされたが、その多くが中国政府及び軍による」（米国防総省による議会への2014年版「中国に関する軍事・安全保障の進展」報告書）というありさまだ。業を煮やした米司法省は5月19日、サイバースパイの容疑で、中国軍の「61398部隊」所属の5人を起訴、顔写真付きで指名手配した。米原子力大手ウエスチングハウス（WH）、鉄鋼大手USスチールなど企業5社と労働組合が同部隊によるサイバー攻撃にさらされ、米産業の虎の子である原発や、太陽光パネルの重要技術が盗まれた。

6月9日には、サイバー・セキュリティー企業の米クラウド・ストライク社が、中国人民解放軍が2007年以降、米国や欧州に対するサイバー攻撃を行っているとする調査報告書を公表した。中国人民解放軍総参謀部第3部には61398部隊の他に61486部隊があると暴露し、同部隊を「パター・パンダ」と名付けた。

部隊は上海市閘北区に拠点を置き、電子メールを通じて特殊なマルウエア（悪意のあるプログラム）を送り付け、米国の国防当局や欧州の衛星および航空宇宙産業などを対象にサイバースパイ活動を行っているという。米側は犯行者の一人の電子メール・アドレスを突き止め、サイバー探査能力を誇示している。

米中間のせめぎ合いの舞台は今や、米国外に広がっている。2014年6月18日未明、香港の親民主派の大衆紙「蘋果日報（アップルデイリー）」（台湾でも発行）のインターネット・ウェブ・サイトが何者かによるサイバー攻撃を受けて、データが完全にかき消された。そのとき、香港では立法院（議会）の普通選挙実施を求める民主化運動グループがインターネットを通じて賛否を問う住民自主投票の最中で、そのウェブサイトも同様の攻撃を受けていた。蘋果側は中国本土からのサイバー攻撃によると非難した。

サイバー攻撃にさらされやすいネットワークは、「データセンター」、光ケーブル基幹回線など通信インフラにある。データセンターとは情報通信ネットワークの基幹中枢機能を持ち、「サーバー」と呼ばれるコンピューターや大容量記憶装置を備え、顧客からデータを預かり、インターネットの接続や保守・運用サービスを受け持つ。ハッカーは香港と台湾にある蘋果日報のデータセンターに侵入し、データをことごとく破壊した。香港や台湾のデータセンターなど通信インフラには華為やＺＴＥ製機器が使われている。その脆弱性を衝かれた可能性が高い。

米側は国防総省系の「アカデミア」社が米国の手でバックアップされていた蘋果日報のデータを修復用に蘋果に無償提供したので、蘋果はＷＥＢサイトの閉鎖を免れた、との秘話がある。

中国発のサイバー攻撃に対する日本の防御体制について、米側関係者は懸念を隠さないが、「自分の国は自分で守るのが基本だ」と警告する。２０１１年8月には三菱重工業の取引関係者を装ったメールアドレスからマルウエア付きの添付メールが台湾のサーバーから送られ、軍事機密情報が流出した。同時多発的にＩＨＩ、川崎重工、ＮＥＣなども攻撃された。今でも、国防、通信、電力会社など日本の企業を狙い打つ月間８００件近いサイバー攻撃が発生しているが、発信源の特定はいまだにできていない。

華為技術は2014年から、日本の通信インフラ市場でのシェア拡張を狙って、積極果敢な売り込み攻勢をかけている。同社日本法人幹部は「当社のサイバー・セキュリティー技術の信頼性には定評があります」と胸を張る。ソフトバンク、イー・モバイルを中心に華為技術は着々と納入実績を伸ばし、経営トップは経団連を含む日本の産業界に人脈を広げている。

もちろん、華為は党や軍との結びつきを否定するし、図にあるような党からの指令などありえないと主張するだろう。だが、何よりも共産党主導の技術窃取・サイバー攻撃体制の行動に、共産党の影響下に置かれる華為技術やZTEが組み込まれないと考えるのが不自然だ。

2015年3月には米国をはじめとする世界の情報通信システム業界を震撼させる通達が北京当局によって発せられた。この通達は図らずも、華為、ZTEが党の情報技術戦略にしっかりと組み込まれていることを示す。3月16日付けの米ウォールストリート・ジャーナル紙ウエブ版によると、その要点は以下の通りだ。

・中国政府は3月15日までに、中国の銀行にコンピューター機器や技術を販売する企業は、独自のソースコードや暗号化キーの利用を止め、中国の技術を採り入れた上、同国当局の厳格な検査を受ける必要があると通告した。
・世界的なＩＴ企業各社は中国市場へのアクセス確保の見返りに独自のＩＴ情報を開示するか、中国企業と合弁会社を設立するか、中国市場向け専用の製品やサービスを提供するか、もしくは撤退するか迫られる。
・新たな規則は、銀行に対し中国製のＩＴ機器に切り替えるよう命じる政府通達と解釈されており、米国の大手ＩＴ企業に深刻な打撃を与えそうだ。
・米金融・通信サービス会社各社で構成されるコアリション・オブ・サービシズ・インダストリーズのピーター・オルガイアー会長は、「これは、基本的には外国企業よりも中国企業を優遇する産業政策であり、企業に中国製ＩＴの使用を無理強いするものだ」と語った。
・欧米の業界団体は、銀行に対する規制は中国が重要視している運輸・エネルギーなどの他の分野にも広がると予想している。

中国政府はもちろん党の指令下にあり、上記の規制は党の決定による。そして、中国製ＩＴ機器メーカーを代表するのは華為、ＺＴＥである。外国のＩＴ各社は中国でビジネスを続けたければ技術一切を中国側に提供するか、華為など中国企業製を採用するしかなくなる。提供されるソースコードなどの機密情報はもちろん華為などに渡ってしまう。もう一つ、規制対象となる銀行には日米欧の銀行も含まれる。外銀も党・政府の情報当局とオンラインでつながる華為やＺＴＥの機器の使用を迫られる。銀行以外の他の分野にも同じやり方が適用される情勢だ。

度重なる中国からのサイバー攻撃に慣れっこになっているはずの米軍関係者を震撼させる事件が２０１４年８月18日に表面化した。米国最大級の病院グループ、コミュニティー・ヘルス・システムズ（ＣＨＳ）が中国からサイバー攻撃を受け、約４５０万人分の患者の個人情報が盗まれた。６月にはモンタナ州保健衛生局のサーバーから約１００万人の個人情報が奪われた。攻撃を仕掛けたのは、いずれも「ＡＰＴ１８」と呼ばれる中国のハッカー集団という。

知り合いの米情報筋に聞くと、「最も懸念したのは米国市民の遺伝子情報の流出だった」という。特定の遺伝子だけを狙い撃ちにする生物化学兵器が開発されると、その遺伝子を持つ人種すべてが標的にされる危険性が高まる。それはまるでＳＦ（科学小説）の世界だが、ロシアは国防を理由に２００７年に遺伝子サンプルの輸出を禁止した。

中国系投資ファンドが日本の代理人を通じて医科大学系を含む首都圏の大型病院を買収する動きも耳に入る。利益動機によるものには違いないが背後の気配は不気味だ。東大医科学研究所は中国科学院微生物研究所と分子生物学や分子免疫学で協力しているし、独立行政法人「物質・材料研究機構」は中国科学院大連化学物理研究所と燃料電池の共同研究に取り組んでいる。民生用に見えるが、中国側は随時、日本の技術研究成果を軍事用に生かすだろう。

中国は対米サイバー攻撃の激化にみられるように、習近平体制のもとで、鄧小平氏が敷いた「韜光養晦（とうこうようかい、自分の能力を隠す一方で力を蓄える）」というソフト戦術を全面放棄し、力をむき出しにして取るべきものを最大限取っていく路線に転じた。米国と違って、「不戦」の憲法９条のごとく、防御しない日本の研究機関は絶好の標的だ。

日本の国会は、米国議会にならって、中国に流出する最先端の民生用技術が日本をかみ砕く牙にならないように、徹底的に華為技術やＺＴＥなどの対日進出中国企業や、中国側と提携する研究機関、大学を精査するべきだ。

3　共産党主導の対外膨張主義を直視せよ

日本を含め世界でのメディアでは一般的に言って、中国の政治経済システムについてごく基本的な理解を欠いている。それは、中国のあらゆる政府組織、中央銀行（中国人民銀行）とも軍と同じく、習近平党総書記・国家主席を頂点とする共産党中央の指令下にあることだ。日米欧のように3権分立、民主主義制度が確立されている国とは根本的に異なる。

中国主導で設立準備が進められている「アジアインフラ投資銀行（ＡＩＩＢ）」はどうか。中国は当初から資本金の50％出資を表明し、今後出資国が増えても40％以上のシェアを維持する構えだ。総裁は元政府高官、本部も北京。主要言語は中国語。ＡＩＩＢは中国財政省というよりも、同省を支配する党中央の意志に左右されるだろう。今後、何が起きるか、火を見るよりも明らかだ。

例えば、党中央が必要と判断したら、北朝鮮のＡＩＩＢ加盟がただちに決まり、同国向け低利融資が行われ、日本の経済制裁は事実上無力化するだろう。あるいは、東南アジアや南アジアでの中国の軍艦が寄港する港湾設備がＡＩＩＢ融資によって建設されることも大いにありうる。そう、ＡＩＩＢ問題の本質は外交・安全保障であり、平和なインフラ開発資金の融資話は表看板に過ぎない。

今、政府内部や産業界、日経新聞などメディアの一部で、ＡＩＩＢ出資論が出ているが、実質的には、党指令先の組織に日本もカネを出せ、という意味になり、ブラックジョークである。

以上の見方に対し、反論もあるだろう。「ＡＩＩＢは英独仏など欧州主要国も参加する多国間の協力機構ではないか、党中央に支配されるはずはない」という具合に。世界銀行、アジア開発銀行、国際通貨基金（ＩＭＦ）など既存の国際金融機関は主要出資国代表で理事会を構成し、運営されている。楼継偉財政相は２０１５年3月に北京で開いた国際会合で「西側諸国のルールが最適とは限らない」と強調した。同財政相ら当局者はこれまで、世銀やアジア開銀などのように頻繁に開かれる理事会による決定方式を否定し、トップダウンによる即断即決方式を示唆してきた。圧倒的な出資シェアを持つ中国の意図は、世銀やアジア開銀などと全く違う中国式の意思決定方式なのである。日経新聞は「ＡＩＩＢの否定や対立ではなく、むしろ積極的に関与し、関係国の立場から建設的に注文を出していく道があるはずだ」（15年3月20日付け社説）と論じたが、仮に日本がマイナーな出資比率で参加したところで、党中央に伺いを立てるＡＩＩＢ総裁の意思決定に影響力を持てる

グラフ8-2 中国の外準と対外借り入れ（前年比増減 兆ドル）

データ：CEIC、BIS（国際決済銀行）

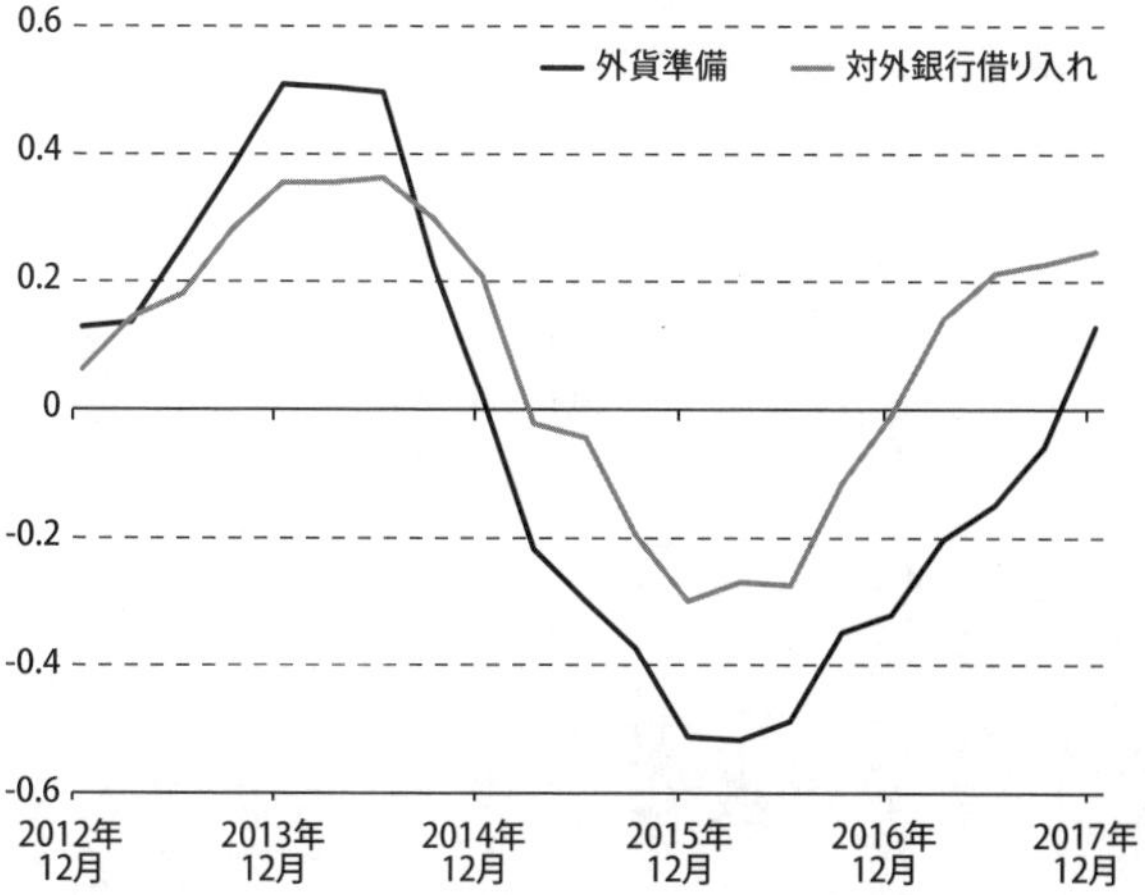

はずはないだろう。

世界最大の外貨準備という「資力」を持つ中国が、アジアなどのインフラ建設資金融通を主導するのは理にかなっている、と思い込む向きもあるだろうが、とんでもない誤解である。

中国の外準残高は、2014年末で3兆8430億ドル（世界2位の日本は1兆2000億ドル）もあるが、実は半年間で約1500億ドルも減った。景気の低迷や不動産相場の下落の中で、資金流出が年間で4000億ドル以上に上るからである。無論、習近平政権による不正蓄財追求から逃れるために、一部党幹部らが裏ルートで資産を外に持ち出していることも影響している。

外準は人民銀行による人民元資金発行の原資になっている。外準が減ると、中国経済が貧血症状を起こす。そこで、中国は急激な勢いで、国際金融市場から借り入れを増やしている。グラフ8－2は、最近の外準と海外の銀行からの借り入れの増減額の推移である。2014年9月末には、外準の増加額を借入額が上回って以来、その差額は広がっている。外準は見かけこそ世界最大で3兆ドルを超える「巨額」なのだが、海外からの借り入れによって支えられているのに過ぎない。外準を減らす元凶は資本逃避で、ロンドンなど国際金融市場から借金を増やさないと、外準は数年間で半減してしまうだろう。しかも、人民元金融システムを維持するためにこれ以上減らすわけにいかないのだから、外準をアジアのインフラ整備のために活用すること自体、ありえない。「世界一の外貨資産」というのは、言わば見せ金に過ぎないのだ。

中国がＡＩＩＢを創立し、アジア地域全体でインフラ投資ブームを演出する背景には、自身の窮状を打開するためでもある。鉄道、港湾、道路などで需要を創出し、中国の過剰生産能力、余剰労働力を動員する。そのために必要な資金はＡＩＩＢの名義で国際金融市場から調達する。そして、中国主導の経済圏が拡大するにつれて、人民元が流通する領域を拡大して、人民元経済圏を構築する。各国が人民元に頼るようになれば、外交面での中国の影響力が格段に強化される。ＡＩＩＢは党支配体制維持・強化のための先兵なのである。日本がそんな北京の思う壺にはまりこんでよいはずはない。

4　日本主導構想を潰した米国

日米安全保障条約によって守られている日本だが、米国にすべて頼っていればアジアにおける日本の地位は安泰ということにはならない。

思い出すのは挫折した日本主導の「アジア通貨基金」構想である。

１９９７年のアジア通貨危機の際、橋本龍太郎政権（当時）はＡＳＥＡＮの要請を受けて資金規模１０００億ドルのアジア通貨基金（ＡＭＦ）を立ち上げようとした。この規模はちょうど、中国主導で２０１５年６月の創立をめざしているアジアインフラ投資銀行（ＡＩＩＢ）と同じである。ＡＭＦは通貨の防衛が当面の目的なのだが、その資金をもとにインフラ整備にも充当するのだから、ＡＩＩＢの構想とも共通する。

ところが、ワシントンは橋本首相を恫喝したばかりか、北京を口説いて米中連携で基金中止に追い込んだ。1997年9月の国際通貨基金（IMF）・世界銀行の香港総会では、米国のR・ルービン財務長官がAMF潰しに奔走した。その理由は、AMFはIMFや世界銀行という既存の国際金融機関の枠組みやルールと異なる融資基準が適用され、IMF・世銀体制による国際金融秩序を壊す、というものだ。この言い分はちょうど、AIIBの運営、融資基準など「ガバナンス」に問題あり、とする日米の今の批判と共通するのは何とも皮肉なものである。

1997年の香港総会に話を戻すと、ルービン長官は途中で退席するや、「AMF問題については日本やIMFとあとでじっくり話し合おう」と言って香港から北京に飛んだ。会う相手は朱鎔基首相（当時）である。中国は、AMFに参加するかどうか態度を保留していたが、ルービン長官は中国を説き伏せて、反対に回らせた。

当時、北京にはその年の7月に英国から返還されたばかりの香港の通貨、香港ドルがジョージ・ソロス系のヘッジファンドから投機対象にされるという、懸念が香港から伝わっていた。香港ドルは米ドルに固定されており、ヘッジファンドにとってみれば格好の攻撃対象だった。その手口は、巨額の香港ドルを借り入れ、その資金で香港ドルを売り浴びせる。ほかの投資家もそれにつられて追随するので、香港の通貨当局は米ドルで香港ドルを買い支えるが、米ドル準備が底を突くようになるので、お手上げになる。すると、米ドルに釘付けになっていた香港ドルを変動相場制に移行せざるをえなくなる。こうして香港ドルは暴落する。ヘッジファンドはそこで精算して暴落した香港ドルの借金を返す。暴落前に香港ドルを売って手にした米ドルのうち一部を返済用に回すという操作で、あとはファンドの利益になる。この手口で、ヘッジファンドはタイで荒稼ぎし、その次のターゲットを香港に定めていたのだ。

そうなると、単に香港ドル建ての市場すべてが恐慌をきたす。株式も不動産も暴落の憂き目になりかねない。せっかく香港が中国に回帰したというのに、ヘッジファンドによって香港市場が崩壊すれば、北京にとっても一大事である。

そこで、朱鎔基首相はルービン長官と取引した、と当時、日経香港支局長として取材していた筆者は香港の金融筋から聞いた。この金融筋は文化大革命時代に朱鎔基氏と同じ農村に下放されており、共に肥桶を担いで以来の親密なつきあいである。この金融筋が香港の危機を朱鎔基氏に訴えていた。

朱鎔基首相がルービン長官に持ちかけたのは、ヘッジファンドの香港ドル攻撃をやめさせることだった。それと引き換えに、AMF反対で米国と同調したのだった。

ワシントンがヘッジファンドに介入するというと、すべて市場のことは市場にまかせるという米国の建前に反するのでは、と思われるかもしれない。だが、米国の金融界は何でも有り、である。もともとニューヨーク・ウォール街出身のルービン長官はヘッジファンドとも強いコネクションがある。タイの通貨投機のときは、タイ当局がヘッジファンドに対し、タイ通貨バーツの資金供給を凍結する対抗措置をとったことがあった。すると、ヘッジファンドは返済期限がきたバーツ資金を返済できず窮地に陥った。すると、ルービン長官はタイの財務相に電話をかけて、凍結解除しないと、IMFによるタイへの緊急融資を認めないと脅した。タイ側はそこで泣く泣くヘッジファンドへの資金供給を認め、ヘッジファンドはぼろもうけした。その恩人、ルービン長官はヘッジファンドに香港ドル投機を断念させるだけの影響力があったのだ。

中国までもAMFに反対となると、タイなど東南アジア諸国は腰砕けとなる。

さらに、ワシントンのほうからは、東京に重大な警告があった。「日本はAMF推進を決める閣議の寸前で見送った。閣議決定の朝までに橋本首相のもとにワシントンから電話が入ったからだ。日本がこのままAMF設立で強行するなら、日米同盟関係に悪影響があるとの警告だった」と当時の大蔵省幹部から聞いた。

当時、AMF構想の前触れとなった日本主導によるタイへの金融支援会合を演出した榊原英資財務官はその回想記のなかで、サマーズ財務副長官の腹心であるティム・ガイトナー次官補代理（後にオバマ政権1期目の財務長官）は、米国抜きのタイ支援の枠組みが決まった後、榊原氏の耳元で「どうだい、スーパーパワーになった気分は……」とささやいた、と打ち明けている。米国はとにかく、日本主導によるアジア通貨の新たな機構を警戒し、潰しにかかったのだ。

以来、アジアに対する日本独自の明確な通貨・金融戦略は空白のままだ。

日本に比べ、中国はアジア戦略に執念を燃やし、執拗にAIIB設立の根回しを続け、アジア、ロシア、欧州の主要国を巻き込んで発足させた。ASEAN、韓国ばかりでなく欧州やロシア、中東産油国まで巻き込めば、実効性はともかく（前述した通り、筆者は中国主導のAIIBが機能しないとみる）、北京としては米国主導の国際開発金融秩序への挑戦者としての地位を誇示することになるだろう。

歴史に「IF」はないが、もし、アジア通貨基金が成立していれば、その後、中国が人民元帝国として台頭できたかどうか。米国は中国という国際通貨秩序への脅威が台頭した以上、日本の主導性を認めるべきだし、日本もその自覚をもってワシントンの対日猜疑心を融かすべきだ。

5　米中関係の変化をとらえよ

十九世紀半ばに米国の開拓者たちは原住民を駆逐し、東海岸から西海岸に到達した。そして、サウス・ダコタ州ウーンデッド・ニーでスー・インディアン300人近くが殺された1890年に実施された国勢調査で「フロンティア消滅」が宣言された。以来、太平洋のかなたに進出をめざすのだが、主要目標は中国だった。

アメリカは中国侵略にしのぎを削っている列強に加わらず、「機会均等」を唱えると同時に、もっぱら宣教師を中国に派遣した。アメリカの戦後外交の重鎮、ジョージ・F・ケナン氏は外交官引退後の講義録の中で、「中国人に対するわれわれの態度には何か贔屓客のような感じがある」「この感傷が、自分たちほど恵まれず、より後進的と思われる他の国民に対する慈悲深い後援者、慈善家または教師をもって自任することによって得られる喜びから生じている」と述べている。こうした米国人特有の親中意識は脈々と米中関係の底流に流れ続ける。

戦前にはその対中国観が日米関係を決定付けた。日本軍部の策動による満州国設立以来顕著になった日本の対中軍事侵略が米国の対日強硬姿勢を加速させて日本封じ込め政策に転化し、太平洋戦争の破局までつながった。戦後、中国共産革命のあとの冷戦期、しばらくの間中国は自由主義陣営の枠外だったが、米軍がベトナム戦争の泥沼にはまりこんだとき、ソ連と対立していた中国が米国にとって局面打開の切り札になった。他方、2000万人以上が餓死したと言われる1950年代末の大躍進政策、さらに60年代後半から続く文化大革命で、疲弊し切った中国は米国や日本の助けを借りた経済の建て直しを迫られた。米国を巻き込めば、当然、日本も追随してくる。

そこで1972年2月のニクソン訪中で米中国交正常化へと米中の雪解けが進んだ（正式な国交正常化は1979年で、当事者はカーター大統領と鄧小平）。同年9月には田中角栄首相訪中で日中はただちに国交を正常化した。

1990年代に入り、中国のグローバル経済への融合期を迎えた。中国の人権問題が米国世論の関心事となった89年の天安門事件の数年後、北京を訪問したカーター元大統領は北京の学生と直接対話し、中国の変化を感じ取ったとクリントン大統領に伝えた。クリントン政権後期の対外最優先政策のひとつが中国のＷＴＯ加盟で、２０００年末までの加盟実現に向けクリントン大統領はバーシェフスキ通商代表部代表を頻繁に北京に派遣している。

クリントン政権は中国の人権改善に圧力をかけるため最恵国待遇供与（ＭＦＮ）を対中の取引カードにしていた。しかし、１９９９年末に中国のＷＴＯ加盟条件で合意すると、当時の朱鎔基首相ら中国側関係者は「われわれは国際経済ルールに沿うように経済改革を進めている。ＷＴＯという外部からの圧力は役立つ」とワシントンに語りかけた。中国の改革にアメリカ人やアメリカ企業が手を貸せることに意義を見出すアメリカ人の意識を、北京は見事にくすぐった。

米議会とホワイトハウスは最恵国待遇の恒久化を決め、ＭＦＮカードを放棄してしまった。代わりに、中国のＷＴＯ加盟でアメリカ企業が中国市場に進出しやすくなるし、グローバル・ネットワークにも組み入れられるという実利主義、プラグマティズムが対中外交を規定してきた。ワシントンはこの対中融和を、エンゲージメント（関与）政策と呼び、中国を国際社会に取り込んで、国際ルールを守らせながら、中国の経済発展を促すことでビジネス利益を米企業が得ようというわけである。

もとより、中国共産党は最高実力者、鄧小平が「韜光養晦（とうこうようかい、爪を隠しながら実力を養う）」原則を掲げ、米国などと敵対せずに、資本や技術をうまく引き出して国力をつける路線をとってきた。それは、江沢民、胡錦濤と受け継がれ、軍事面での対決を避けた。もちろん、その党指導部の路線には軍内部の強硬派が不満を持つ。そこでワシントンは米軍事技術開発の専門家を中国に派遣し、中国軍の幹部相手に米軍の高度技術がいかに卓越しているか、研修会を各地で開いた。この専門家は台湾生まれ、台湾育ちの中国系アメリカ人で、中国人とのコミュニケーションに問題がない。もちろん、この研修会開催をアレンジしたのは江沢民グループである。

それでも、江沢民政権時代には二度、米中間で軍事的緊張が生じた事件があった。

一度目は、1999年5月、コソボ紛争でNATO軍の一員として武力制裁に参加していた米軍機がユーゴスラビア（当時）の首都ベオグラードにあった中国大使館を爆撃した事件である。ワシントンはそれを表向きは「ユーゴ政府の政府機関と誤認した」と発表したが、筆者の知人の米安全保障当局者は「実のところは、中国大使館がユーゴ政府支援のための武器供給の拠点になっていたことを米CIA（中央情報局）がつきとめたうえでの、意図的な攻撃だった」と述べた。中国国内では反米デモが起きたが、江沢民の党中央はただちに沈静化させた。

二度目は、海南島事件である。2001年4月1日、午前8時55分（中国標準時）、海南島から東南に110キロメートルの南シナ海上空の公海上で中国国内の無線通信傍受の偵察活動をしていたアメリカ海軍所属の電子偵察機EP−3Eと中国人民解放軍海軍航空隊所属のJ−8II戦闘機が空中衝突する事故が発生した。中国軍機は墜落しパイロットが行方不明、米軍偵察機は海南島の飛行場に不時着し、搭乗員は中国当局によって身柄を拘束された。当然、米中間に緊張が高まったが、5月24日には米軍機の機体も返還され、両国関係は平常に戻った。

事件当時は、それまでのクリントン民主党政権に変わって、共和党のブッシュ政権に代わっており、ブッシュ大統領は中国を「戦略的競争相手」と呼び、クリントン政権までの融和姿勢を転換する構えをみせていた。

事件に狼狽したのは北京のほうである。筆者が米国務省の知人から聞いた話では、事件後すぐに、江沢民党総書記・国家主席がブッシュ大統領に電話をかけてきたが、大統領は応答を拒否した。さらに、江沢民はその後も数度電話してきたが、ブッシュ大統領は受話器をとらなかったという。それで、北京はさっさと折れた。

ブッシュ政権も2期目に入ると、２００５年8月に次官級の「米中戦略対話」、06年12月に閣僚級の「米中戦略経済対話」が始まり、民主党のオバマ政権がスタートした２００９年の「米中戦略・経済対話」へと引き継がれた。融和と協調というエンゲージメント政策の枠組みは維持されているのだ。

特に、米中間の通貨・金融協調は戦略と名のつく対話の形式をとらなくても、一貫してきたことに注目してよい。２００1年9月11日の「同時中枢テロ」勃発の前夜に訪中していたブッシュ政権1期目のオニール財務長官は人民大会堂で江沢民国家主席、項懐誠財政相と会談した。財政相は「人民元はいずれ変動が許されるようになるでしょうが、ちょっとだけ、大幅になり過ぎないほどに」と言った。オニール長官は内心、「しょせん中国はまだ統制経済だ。市場資本主義の力にまかせると中国は分裂してしまう」と理解を示した。そこでオニール長官と江沢民主席は口をそろえた。「辛抱しましょう、そして一緒にやりましょう」と。（以上は、オニール長官の回想記　“*The PRICE of LOYALTY*”（「忠誠の代償」）から）

05年7月には北京は人民元小幅切り上げと小刻みな管理変動に踏み切った。党中央は前年末に切り上げを決め、05年2月の旧正月明け実施を予定していたのだが、ワシントンの切り上げ要求が高まっている間は実行を見合わせた。あくまでも北京の自主判断によるもので、米国の圧力に屈したわけではないという建前を重視したからだ。

半面で、北京はワシントンと緊密に協議しつつ、改革の実行を最終判断し、6月末にスノー財務長官に事前通告した。スノー長官は7月1日にグリーンスパン連邦準備理事会議長（当時）とともにシューマー議員ら強硬派と秘密会合を開き、中国側の意向を伝えた。同議員らは5月に提出済みの対中制裁法案の7月採決を年末まで延期し、その間の人民元の推移を見守ることにし、沈黙した。

そして、2008年9月15日にリーマン・ショックが勃発。ポールソン財務長官の回想録によれば、経営破綻の危機に陥った金融大手モルガン・スタンレーを救済するため、ポールソン長官は9月20日土曜日の夜（米国時間）に王岐山・中国副首相に電話をかけた。すでにモルガンに50億ドルを出資していた中国投資有限責任公司（CIC）の追加出資を打診したが、CICはモルガンへの出資ですでに多額の含み損を抱えていたために、王岐山は渋った。

CICは王岐山肝いりの国家投資ファンドで中国の外貨準備の一部をウォール街の投資会社ブラックストーンに運用委託し、その助言でモルガンにも出資してきた。脈があるとみれば、ブッシュ大統領と胡錦濤国家主席との電話会談をセットするつもりだったというが、「この種の接触には慎重を期さなくてはならなかった。米国大統領が中国国家主席に米企業への出資をじかに要請している、という印象を生むわけにはいかない」（回想録から）。結局、長官は中川昭一財務相と話し合い、三菱ＵＦＪ銀行が90億ドルの出資に応じ、出資比率20％の筆頭株主になることでモルガンは救済された。大統領が北京に頭を下げる前代未聞の屈辱的事態は回避された。

これら一連のエピソードはワシントンが北京と協調せざるをえない状況を示すのだが、金融について北京が優位に立っているわけではない。中国は膨らむ外貨準備の多くを米国債で運用し、さらに運用益を挙げようとしてブラックストーンに委託しているものの、米金融危機で巨額の損失を被った。これ以上、金だけ出させられるのを、王岐山は嫌がったのだ。

こうした苦い教訓を経て、習近平総書記・国家主席は中国主導の国際金融機関の創設に動き、米国を中心とする国際金融秩序に挑戦することになった。

しかし、すでに述べたように、中国の金融パワーは多分に見掛け倒しである。外貨準備は見せ金であり、気前よく他国のインフラ建設用に提供するはずはない。中国は資本の輸出国どころか、加速する資本逃避に悩まされ、国際金融市場での最大の借り手である。

この窮状から脱するためには、対米従属につながるドル金融への依存から脱する中国独自の通貨・金融システムを構築するしかない。その手段が、アジアインフラ投資銀行の創立であり、人民元が流通する地域を一挙にアジア全域、中近東、アフリカの一部、さらにユーラシア大陸へと広げる人民元帝国の建設である。その帝国化の嚆矢となるのが、国際通貨基金（ＩＭＦ）による人民元のＳＤＲ組み込みの認定であり、「国際通貨人民元」の地位である。

6　新次元の日米同盟構築の時が来た

日米中の3角形の関係は、米国を軸にとらえると、ちょうど時計の振り子のように振れる。米国が中国寄りに振れるとき、米国の対日関係はおろそかになり、逆に日本に振れるときには、米国の対中関係は冷たくなってくる。

戦後の冷戦期、しばらくの間は日本に振れたが、ニクソン大統領による訪中時には日本の頭越しに米中関係が進展し、田中角栄首相も対中接近すると同時にエネルギー資源外交などで米国離れを起こした。

１９８０年代、米国は日本の産業競争力に圧倒され始め、85年の「プラザ合意」によって円高誘導策を日本に受け入れさせると同時に、半導体などハイテク分野で日本に厳しく当たるようになったが、日本側は通商交渉で譲歩を重ねた。中国の最高実力者鄧小平は米国の後ろ盾で改革開放路線を押し進め、日本も米国に歩調を合わせて中国の経済開発に協力した。米国の時計の振り子は中国側に向いていたように見えるが、実際は日本に振れていた。米国は世界最大の債権国日本の金融協調がなければ、不安定になったドル、米金融市場を安定させることは出来ず、日本も日米同盟の名のもとに、対米協調に努めた。

90年代に入って旧ソ連が崩壊し、冷戦が終了。93年に発足した民主党クリントン政権は日本の経済力を脅威とみなし、一時は日本と「冷たい平和」関係にあるとみなした。日本はバブル崩壊で経済の空白期に突入、日本市場への関心を失い、成長著しい中国にワシントンの振り子が振れた。

共和党ブッシュ政権1期目はアジアでの中国の存在感の高まりを強く意識し、「戦略的競争相手」とみなして、「強い日本」復活による対中バランスを求め、２００1年に発足した小泉純一郎政権の改革路線を全面支持した。しかし、ブッシュ2期目には中国市場重視派の巻き返しで、振り子は中国に向いた。

２００９年の民主党オバマ政権は中国重視できたが、２期目はサイバー戦争などでの中国への脅威を強く意識する。それでも、ビジネス界の中国市場への期待が根強い。外交・安全保障では反テロ戦争や中東情勢などでの中国の協調を必要とし、振り子はやはり日本には戻り切らない。そして、２０１７年に発足したトランプ共和党政権は、振り子を日本に向け、中国に対しては「制裁」という刃を振り下ろす。

人民元帝国の台頭は、これまでのドルを媒介にした米中間の融和関係の終焉を物語っている。米国の対中外交路線は、国際金融面での中国の挑戦で修正を迫られることになった。同時に、通貨のもうひとつの側面である軍事・安全保障面での中国の攻勢に結びつき、とりわけアジアにおける日本の安全保障上の脅威となるし、日本の経済力弱体化につながっていく。日本としては、人民元帝国に対抗する覚悟と戦略が必要となる。

日本と米国が今後迫り来る危機を明確に認識し、人民元帝国の脅威にどう対処するか、新たな同盟関係の構築をめざす。「人民元帝国の脅威」という認識を日米が共有できてこそ、初めて米国の振り子は日本にぴったりと寄りそうだろう。

新たな次元の日米同盟とは何か。そのありようを具体的に描写することは難しいが、通貨・金融、通商など経済全般と軍事を合わせた総合的な日米協調の枠組みだろう。その枠組み作りには、日本が米国をリードするという確固とした決意が必要になる。前述したように、米国の振り子が中国に振れやすいのは、19世紀末のフロンティア消滅以来の歴史的背景をみても明らかだし、日本が中国大陸での利権にのめり込むようなことがあれば、その振り子は中国に向かう。人民元帝国の台頭を前に、日本側に揺らぎがあってはならない。

2018年は1978年に締結された日中平和友好条約40周年の節目であり、日本の親中派の政財界人、メディアは「日中友好ムード」を盛んにあおっている。北京は「日中協力」攻勢をかける。5月には李克強首相が来日し、安倍首相から、日中通貨スワップ協定再開と、中華経済圏構想「一帯一路」への日本の参加を取り付けた。これまで述べたように、中国の言う「世界最大の外貨準備」は中身が空っぽであり、巨額の資本逃避を抑えられない。そんな苦境の中でトランプ米政権が中国の対米貿易黒字を2000億ドル削減せよと迫っている。ハイテク製品・技術など知的財産権侵害に対する報復を含め、米中は貿易戦争状態に入った。特に、2000億ドルも対米黒字を削減すれば、中国の国際収支は一挙に巨額の赤字に転落し、国際金融市場での信用を失墜してしまう。「一帯一路」や南シナ海などへの海洋進出、軍拡どころではなくなる。通商面でのトランプ政権の対中強硬策は経済にとどまらず、軍事・安全保障にも波及するのは必死だ。

中国を脅威と警戒する見方は今や、米国に限らず、欧州の一部やアジア各国・地域にも広がりつつある。その中で際立つのは、依然として使い古された「日中友好」にしがみつく日本の与野党議員、朝日新聞、日本経済新聞などメディア、学者・識者の多数派である。時代の変化を読めない。それればかりか、日本政府は中国に対し、ドルといつでも変えられる円を大量発行して中国に提供し、中国の外貨危機を回避するための通貨スワップ協定に応じるという。粗野な技術と質の悪い中国の国有企業が主契約者になる一帯一路のインフラ事業に、日本が資金を提供し、日本の企業が下請けになるのが、一帯一路への参加協力の意味である。

18年5月下旬、中国・習近平政権が推進する中華経済圏構想「一帯一路」討論会が台北で開かれた。台湾教授協会が主催し、台湾側から10人の政治・経済の識者が、日本からは筆者が参加した。台湾は中国の圧力によって国際社会から締め出される苦汁をなめさせられているが、台湾側は意気軒高、一帯一路構想の行き詰まりを見通している。「バスに乗り遅れるな」とばかり、一帯一路参加を安倍晋三政権に求める日本の政財学界・メディアとは対照的だ。

一帯一路に関する台湾識者のコメントをいくつか紹介してみる。
「圏域は、シルクロードというよりもユーラシア大陸を武力で制覇したモンゴル帝国の再現だ。中国共産党による覇権の企《たくら》みで、平和攻勢どころか人を殺す。相手にしなくていい」（黄天麟国策顧問）
「中国が支配権を握ったギリシャの港は海賊版の輸出と脱税の巣窟になっている。中国主導の鉄道が中東、欧州に開通すればテロリストを運ぶし、腐敗し人間性の低い中国の独裁政治体制が沿線国・地域に輸出される」（張清渓台湾大学教授）
「インフラプロジェクトは、中国が資材、設備、技術者のすべてはもとより、中国人労働者を大量に現地に送り込み、相手国から雇用機会を奪う」（台湾団結連盟・前立法委員の頼振昌氏）
「中国は過剰生産能力を減らさずに海外に輸出する。高金利で相手国に貸し付け、返済できないとその国の土地や天然資源を奪う」（台湾シンクタンク委員の頼怡忠氏）
筆者のほうは、「中国主導の海外プロジェクトは対米貿易黒字によって稼いだドルを見せ金にしている。トランプ米大統領が中国に要求する２０００億ドルの対米貿易黒字削減を余儀なくされると、中国の国際収支は赤字になり、対外膨張政策は立ち行かなくなる」と論じ、トランプ政権と歩調を合わせるべきだと提言した。

討論会の見方通り、当初こそ一帯一路やアジアインフラ投資銀行（ＡＩＩＢ）に賛同したインド、英国、ドイツなどにも対中警戒論が広がっている。マレーシア首相に復帰したマハティール氏は、前政権が中国と契約した高速鉄道プロジェクトを全面的に見なおすと表明した。借款をえさにしてパキスタンやスリランカの港湾を中国が占拠するやり方は米国など国際社会から非難されている。米国のティラーソン前国務長官は長官当時、「インフラ整備向け融資の仕組みも、些細なことで債務不履行に陥るようにできている」と批判した。日本では麻生太郎財務相が中国の対外プロジェクト融資のやり方を「サラ金」商法だと揶揄したが、与野党の大多数は無関心で、安倍政権も親中派議員や学者、メディアの対中協調主義に引きずられがちだが、台湾を見るがいい。

台北市郊外では米国在台湾協会（ＡＩＴ）の新本部ビルがほぼ完成していた。新ＡＩＴビルは在外公館並みに海兵隊が警備し、最新鋭のレーダーなどを備え、大陸中国への監視能力を飛躍的に向上させるという。

中国を見る目はもちろん、国際社会の対中戦略は大きく変わりつつある。

習近平政権による一帯一路、アジアインフラ投資銀行、そして人民元国際化を通じた中華帝国建設の野望は日本に覚醒を促している。日米同盟を新次元に改めることはもちろん、台湾を含む東南アジア、インド、豪州などとの連携を軸に、日本は経済を軸に、安全保障を確保する対中戦略の作成待ったなしである。

検証　米中貿易戦争

2018年8月5日　第1刷発行

著　者　田村秀男
発行人　伊藤英俊
発行所　株式会社 マガジンランド
〒101-0054 東京都千代田区神田錦町 3-7 東京堂錦町ビル5F
販売部　TEL 03-3292-3221　FAX 03-3292-3222
編集部　TEL 03-3292-3226　FAX 03-3292-3582
http://www.magazineland.co.jp
デザイン／久慈林征樹
印刷・製本　株式会社ローヤル企画

■ お問合せ
本書の内容について、電話でのお問い合わせには応じられません。予めご了承ください。ご質問などございましたら、往復ハガキまたは切手を貼付した返信用封筒を同封のうえ、編集部までお送りくださいますようお願いいたします。

ISBN978-4-86546-193-0 C0233

(お断り)本書は2015年5月25日付で小社より出版された『人民元の正体』を最新版に更新しタイトルも変更し新書判で再発行したものです。